ROCK GUITAR!

ROCK GUITAR!

SPIELEN WIE DIE GROSSEN IDOLE

Entwurf und Realisation: Stonecastle Graphics Limited
Layout: Paul Turner und Sue Pressley
Text: Jacob „Quist" Quistgaard und Nick Freeth
Originalmusiknoten: Quist
Lektorat: Philip de Ste. Croix

Realisation der deutschen Ausgabe:
trans texas publishing, Köln
Übersetzung: Katrin Höller, Köln
Lektorat: Anke Wellner-Kempf, Jetzendorf
Satz: Birgit Beyer, Köln
Fachberatung: Sebastian Neuerburg, Köln

ISBN 978-1-4454-5983-7
Printed in China

Bildnachweis
© Shutterstock.com: Mohammad Fariz Abdullah 36 (links); alias (Grafik) 20, 24, 32, 37, 40, 52, 61, 69, 77, 81, 85; Silvia Antunes 13 (links); Ryan Rodrick Beiler 15 (rechts); chris87 19 (rechts); Daniel DeSlover 96 (rechts); gcluskey 39; Andreas Gradin 95 (links); haak78 7 (oben), 12 (unten links), 27; INGAJA 1; javaman (Hintergrund) 4–5, 26–27, 38–39, 42–43, 46–47, 50–51, 58–59, 62–63, 74–75, 90–91; jcjgphotography 9 (unten); jiggo 12 (oben links); Kayros Studio „Be Happy!" (Gitarre) 4–5, 8–9, 14; Lia Koltyrina 87 (links), 94; Aija Lehtonen 23 (rechts); Sean MacD 13 (oben rechts); Mark III Photonics 7 (unten rechts), 15 (links), 83 (unten); Girish Menon 44; Mikhail 2; Randy Miramontez 77; Dana Nalbandian 81; Narcis Parfenti 10 (oben); pashabo (Hintergrund) 21, 25, 29, 33, 41, 53; Photonly 12 (rechts); Ra Studio 93; Semisatch 45 (kleines Bild); Ferenc Szelepcsenyi 20, 21, 73; Ana-Maria Tanasescu 44, 79; TDC Photography 51 (rechts); VolkOFF-ZS-BP 10 (unten); YellowPixel 71 (links); Faiz Zaki 7 (unten links), 49.
© Getty Images: Stephen J. Cohen 59 (links); FilmMagic, Inc/Jeff Kravitz 25 (rechts); Juan Naharro Gimenez 45; Walter Iooss Jr 28 (rechts), 41 (links); Ethan Miller 63, 83 (oben); Michael Ochs Archives 40; Redferns/Robert Knight Archive 68, 69; Redferns/Andrew Lepley 90; Redferns/Neil Lupin 61, 89; Redferns/David Redfern 41 (rechts), 66, 67; Redferns/Ebet Roberts 25 (links); Redferns/Steve Thorne 26, 60; Stone/Marissa Kaiser 11 (oben); WireImage/Kevin Mazur Archive 64; WireImage/SGranitz 65; WireImage/Marty Temme 91.
Creative Commons License/public domain: alterna2 35 (unten), 57; Matt Becker 89 (kleines Bild); Bertrand 86; chascar 71 (rechts); Compadre Edua'h 47 (rechts); daigooliva 48 (kleines Bild); dxburbuja 37; Rodrigo Della Fávera 36 (rechts); fl imsical 82 (oben); Italian TV 43 (unten); JessicaSarahS 35 (oben), 85; Ilias Katsouras 52; Anirudh Koul 75, 87 (rechts); Kreepin Deth 55; Kris Krug 33, livepict.com 44; Joshua Lowe Photo 54; Katerina Mezhekova 56, Malgorzata Milaszewska 59 (rechts); Kara Murphy 34; Scott Penner 19 (links), 84; SMN 32; Toglenn 74 (unten); vazzz 43 (oben).
Stonecastle Graphics: 16, 17, 22, 23 (links), 31, 38, 47 (links), 50, 51 (links), 62, 70, 72, 74 (oben), 76, 78, 82 (unten), 92.
Jacob „Quist" Quistgaard: 6.
© Gibson Guitar Corp (Pressefotos): 28 (links), 48, 88.
© Orange Amps (Pressefotos): 11 (unten links und rechts).

Inhalt

Einleitung

Herzlichen Glückwunsch: Du eröffnest Dir gerade einen Weg in die aufregende, fantastische Welt der Rockgitarre! Mit der E-Gitarre hast Du ein tolles Instrument gewählt – schließlich hat sie bereits ganze Revolutionen in Kultur und Mode ausgelöst; darüber hinaus kann sie Herzen erweichen, ganze Stadien zum Rocken bringen und Millionen Menschen auf der ganzen Welt Freude schenken: Menschen, die genau wie Du Musik machen und sich an ihr freuen. Weil man das Spielen so einfach lernen kann, ist sie in vielen Musik-Genres beliebt, aber ihre große, zentrale Rolle spielt sie in der Rockmusik: Dort ist sie nicht nur beliebt, sondern sogar *unverzichtbar*!

Ich selbst bin der Gitarre verfallen, seit ich mir mit sechs Jahren die alte Akustikgitarre meines Vaters schnappte, die an der Wand hing. Seitdem liebe ich das Gitarrespielen und kann mir kaum einen Tag vorstellen, an dem ich nicht spiele – diese sechs Saiten haben mich vollkommen gepackt! Dieses Buch schreibe ich nach vielen Jahren als größter Gitarren-Enthusiast, den Du Dir vorstellen kannst: Ich habe das Instrument und seine Musik studiert, ich habe gejammt, Platten aufgenommen, auf der Bühne gestanden und dabei sehr, sehr viele Erfahrungen gesammelt. Ich hoffe, dass die Fülle an Informationen, die dieses Buch bietet, Dir zugutekommt! Wühl Dich tief in Deine Lieblingsriffs und -stücke hinein, vielleicht packt Dich dann ja auch das Gitarren-Virus … Aber egal was Du machst: Denk immer daran, dass Du das coolste Instrument der Welt in Deinen Händen hältst!

In jedem Kapitel dieses Buchs schlage ich Dir Hörbeispiele bekannter Songs vor. Sie demonstrieren, wie sich die angesprochenen Tonleitern, Techniken und Effekte „im wirklichen Leben" anhören. Sie werden Deinen musikalischen Horizont erweitern und wurden genau aus diesem Grund auch ausgewählt – in den seltensten Fällen spiegeln sie meinen persönlichen Geschmack wider, und sie sind auch nicht unbedingt das Beste, was es zum jeweiligen Thema gibt.

Auf den nächsten Seiten beginnt Dein ganz persönliches Rockgitarrenabenteuer. Du erfährst alles über die Gitarre, über Akkorde, Tonleitern … und zwischendurch lernst Du viele – tatsächlich sogar die meisten – Techniken der weltbesten Gitarristen kennen. Allein schon deshalb darfst Du nicht erwarten, dass Du das Buch nur flüchtig durchzublättern brauchst, um die Gitarre perfekt zu beherrschen. Stell Dir dieses Buch stattdessen als einen großen, herrlichen Berg vor, den es zu bezwingen gilt. Einige Teile werden einfach sein, andere werden Dich auf eine Geduldsprobe stellen, wieder andere wirst Du vielleicht erst mal beiseitelegen und später wieder aufnehmen. Und bei manchen Teilen ist eventuell zusätzliche Hilfestellung sinnvoll. Aber ich hoffe sehr und wünsche Dir, dass Du bei all dem sehr viel Spaß hast!

Viel Vergnügen mit dem Buch – und bei der fantastischen Reise, die vor Dir liegt.

Quist

Gegenüber: *Quist, der Autor dieses Buches, auf der Bühne.*

Diese Seite: *Drei große Rockgitarristen in Aktion: Kerry King von Slayer (links), Slash (unten links) und Matt Bellamy von Muse (unten rechts).*

JETZT GEHT'S LOS

Eine Gitarre kaufen

DIE ANATOMIE EINER E-GITARRE

STEG

Hier enden die Saiten – bis hierher schwingen sie. An dieser Gitarre werden die Ball-Ends der Saiten durch Löcher in der Brücke an ihrem Platz gehalten.

TONABNEHMER (PICKUP)

Jeder Tonabnehmer enthält Magnete und Drahtspulen, die die Saitenschwingungen in elektrische Schwingungen umwandeln.

CUTAWAY

Eine Ausbuchtung im Korpus der Gitarre ermöglicht es, auch die höchsten Bünde zu greifen.

WHAMMY-BAR

Auch Tremolo(-hebel) genannt. Das Ziehen oder Drücken des Tremolos verändert die Tonhöhe der angeschlagenen Saiten.

PICKUP-WAHLSCHALTER

Dieser Schalter ermöglicht dem Gitarristen, einzelne Tonabnehmer anzuwählen und Hals- und Mittelpickup oder Mittelpickup und Stegpickup miteinander zu kombinieren.

KABELBUCHSE

Hier steckt man das Instrumentenkabel hinein, das die Signale des Tonabnehmers an den Verstärker überträgt.

POTI

Diese Gitarre hat einen allgemeinen Lautstärkeregler sowie Tonregler für den Halspickup und den Mittelpickup. Der breitere Tonabnehmer am Steg hat keinen Tonregler.

Das klassische Design der berühmten Fender Stratocaster macht sie zu einem zeitlosen Favoriten unter Rockgitarristen. Viele andere Firmen haben sie nachgebaut.

STIMMWIRBEL
Kleine Metallschrauben – eine je Saite – die man dreht, um beim Stimmen die Saitenspannung zu verändern.

BUND
Bünde sind die dünnen Metallstäbe auf dem Griffbrett. Drückt man die Saiten hinter einem Bund herunter, verändert das die Tonhöhe der Saiten.

SATTEL
Die Saiten führen über diesen kleinen, eingekerbten Block. Ungegriffene Saiten schwingen zwischen ihm und dem Steg und produzieren so die Töne.

KOPFPLATTE
Das obere Ende des Gitarrenhalses. Hier werden die Saiten aufgewickelt und gestimmt.

Betritt man ein Musikgeschäft, fühlt man sich schnell völlig erschlagen von der Vielzahl der angebotenen Gitarren. Wir helfen Dir, die richtige Gitarre zu finden:

Als angehender Rockgitarrist brauchst Du natürlich eine **E-Gitarre,** keine **akustische** oder **halbakustische**. Letztere beiden haben meist runde Schalllöcher und einen voluminösen, hohlen Korpus. Nur wenige Rockstars spielen Gitarren mit einem **hohlen Korpus** und sogenannten F-Schalllöchern. Diese können bei großer Lautstärke Probleme bereiten. Viele mögen auch ihr klobiges Aussehen nicht. Auf den ersten Blick ähnlich (aber flacher) sind Gitarren mit einem **halbhohlem Korpus** wie die Gibson ES-335, deren Körper auf jeder Seite des inneren Holzblocks hohle Kammern besitzen, die den Klang und die Tondauer verändern: Der Holzblock, von außen unsichtbar, lässt den Ton länger schwingen, während die Hohlkammern ihm Wärme verleihen.

Die häufigste Art der E-Gitarre ist die **Solidbody-Gitarre,** mit einem Korpus aus massivem Holz. Die Dichte des Holzes entscheidet über die Schwingdauer des Tons. Der Nachteil der Solidbody-Gitarren ist, dass sie meist recht schwer sind. Wenn Du Dir eine Gitarre aussuchst, solltest Du deswegen prüfen, wie sich das Instrument im Sitzen anfühlt (wenn es aufrecht auf Deinem Oberschenkel steht) und wie im Stehen (mit einem Gitarrengurt). Die meisten Solidbodys haben zwei Tonabnehmer, die Stratocaster sogar drei, und manche Gitarristen kommen mit nur einem zurecht.

Wir empfehlen Dir eine Gitarre mit **Whammy-Bar**. Das Whammy-Bar an unserer Gitarre ist ein gutes einfaches Modell. Wenn Du extremere Effekte erzeugen möchtest, brauchst Du etwas Stabileres wie das **Floyd-Rose-Tremolosystem,** das manche Strats und andere Solidbodys besitzen: Durch einen speziellen Klemmsattel verstimmen sich die Saiten bei Gebrauch des Hebels nicht.

Oben: *Der abnehmbare Tremolohebel im Stratocaster-Stil wird rechts in die Brücke der Gitarre geschraubt.*

Der Verstärker

Rockmusiker und ihre Fans lieben es laut … deswegen favorisieren Rockbands auf der Bühne leistungsstarke Verstärker, in Kombination mit regelrechten „Mauern" aus Lautsprecherboxen. Deren Dezibel-Werte sind eine Herausforderung für jedes Trommelfell, und auch optisch sind sie beeindruckend – aber aufgrund ihrer Größe (und ihrer Kosten) für einen Anfänger und zum Hausgebrauch vollkommen ungeeignet.

Während Profi-Gitarrenverstärker meist mit Röhren (Vakuumröhren) arbeiten und einen schönen, warmen Sound erzeugen, aber empfindlich und teuer sind, arbeiten Verstärker, die zum Lernen und Üben gedacht sind, mit der günstigeren und robusteren Transistortechnik.

Transistorverstärker wurden früher von Profigitarristen belächelt, aber heutzutage findet man sie in exzellenter Qualität und zu einem erschwinglichen Preis, meist als **Combo,** der sowohl einen Verstärker als auch einen Lautsprecher enthält. Ein Verstärker mit 15 Watt Ausgangsleistung und einem 20-cm-Lautsprecher reicht zum Üben völlig aus. Von Vorteil ist außerdem ein eingebauter **Verzerrer,** wie er zum Beispiel im Kanal „*dirty*" des Verstärkers auf der Seite gegenüber eingebaut ist.

Oben: *Doug Aldrich von Whitesnake vor einem beeindruckenden Marshall-Stack.*

Links: *Nimm Dir Zeit, um einen Verstärker auszusuchen, der gut mit Deiner Gitarre harmoniert, damit Du genau die musikalischen Ergebnisse erzielst, die Dir vorschweben.*

Links: *Ein elektrischer Verstärker – oder Amp – macht das Signal einer E-Gitarre lauter, sodass man die Töne durch einen Lautsprecher hört. Er verändert auch den Klang der Gitarre, indem er bestimmte Tonfrequenzen betont oder zurücknimmt. Zahlreiche Effekte sind möglich.*

DIE ANATOMIE EINES VERSTÄRKERS

Dieser Combo „Rocker 30" von Orange mit Röhren hat 30 Watt Ausgangsleistung – er ist zum Üben und für die Bühne gut geeignet. Er hat keinen Kopfhöreranschluss, aber viele kleinere Verstärker haben einen – mit dem Vorteil, dass man beim Üben mit Kopfhörer niemanden stört.

LAUTSPRECHERGITTER
Hinter dem schützenden Stoffgitter an der Verstärkervorderseite befindet sich ein Einzellautsprecher mit 30,5 cm Durchmesser.

KLINKENBUCHSE
Der Eingang für das Instrumentenkabel, das das Signal von Deiner Gitarre überträgt.

KLANGREGLER
Bei diesem Verstärker hat nur der „schmutzige" Kanal Tonregler, mit denen man die Höhen („hi"), die Mitten („mid") und die Bässe („lo") einstellen kann. Die Symbole über den „lo"- und „hi"-Reglern sind wie in der Notenschrift ein Bassschlüssel für die tiefen Töne und ein Violinschlüssel für die hohen.

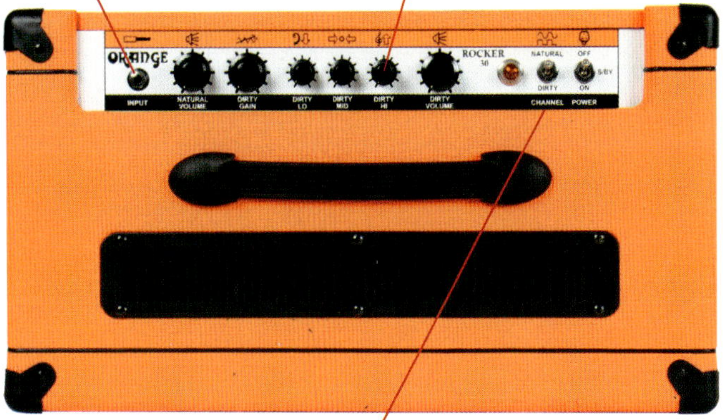

LAUTSTÄRKE- UND VERSTÄRKUNGSREGLER
Dieser Verstärker hat zwei Kanäle, die mit dem Schalter neben dem Ein/Aus-Schalter angewählt werden. Der Kanal „natural" liefert einen relativ sauberen, unverzerrten Ton; der Kanal „dirty" liefert das, was er verspricht, nämlich einen schmutzigen, verzerrten Sound!

Zubehör und stimmen

Bevor Du endlich mit dem Spielen loslegen kannst, musst Du noch ein paar Dinge kaufen. Am billigsten sind die **Plektren** (Einzahl **Plektrum** oder **Plektron,** auch **Pick** genannt). Einige berühmte Gitarristen, darunter Mark Knopfler und Jeff Beck, spielen nur mit Fingern und Fingernägeln (**„Fingerstyle"**), aber die meisten E-Gitarristen bevorzugen den knackigen Sound, der entsteht, wenn man die Saiten mit Plektrum anschlägt. Kauf gleich mehrere in verschiedenen Formen und Stärken und probier sie beim Üben aus.

Die nächsten drei Dinge sind nicht unbedingt notwendig, aber Du bist froh, wenn Du sie hast.

Gitarrengurt

Im Sitzen spielt sich die Gitarre am leichtesten, aber wenn Du auf der Bühne spielst, willst Du bestimmt stehen, und dann ist ein robuster und bequemer Gurt unverzichtbar.

Gitarrenständer

Gitarren nehmen schnell Schaden, wenn sie umfallen, weil man sie gegen eine Wand oder einen Stuhl gelehnt hat. Ein Gitarrenständer gibt den nötigen Halt und ist billiger als eine Gitarrenreparatur!

Oben: *Plektren in verschiedenen Formen und Farben.*

Gegenüber: *Mark Knopfler ist einer der angesehensten Fingerstyle-Gitarristen.*

Rechts: *Ein Gitarrenständer schützt die Gitarre vor Beschädigungen.*

Oben: *Ohne bequemen Gitarrengurt ist das Spielen im Stehen nicht möglich. „Lemmy" Kilmister von Motörhead verwendet hier ein wahres Prachtstück.*

Gitarrenkoffer oder -hülle

Beim Kauf mancher Gitarren bekommt man einen Koffer oder eine Tasche kostenlos dazu. Wenn Du eine kaufen musst, achte darauf, dass sie regenfest ist, die Gitarre gut schützt und Platz für Zubehör bietet. In den Kofferraum eines Autos solltest Du die Gitarre nur legen, wenn sie sich in einem Koffer befindet. Setz die Gitarre weder Hitze noch Feuchtigkeit aus. Zwei weitere Dinge sind unerlässlich:

Rechts: *Elektronische Stimmgeräte gibt es in unterschiedlichen Formen und Größen. Damit wird das Stimmen der Gitarre zum Kinderspiel.*

Gitarrenkabel mit Klinkensteckern

Zum Verbinden von Gitarre und Verstärker. Es sollte gut isoliert sein (damit es keine unerwünschten Nebengeräusche aufnimmt) und so lang, dass Du beim Spielen Bewegungsfreiheit hast. Sechs Meter reichen normalerweise aus.

Etwas, wonach Du die Gitarre stimmen kannst

Ohne verlässlichen Bezugsrahmen kannst Du die Saiten Deiner Gitarre nicht auf die korrekte Tonhöhe stimmen. Manche Gitarristen stimmen ihre Gitarren nach einem Klavier. Das funktioniert natürlich nur, wenn das Klavier selbst richtig gestimmt ist. Alternativ kann man eine Stimmpfeife oder eine Stimmgabel benutzen, aber heutzutage verwenden die meisten Gitarristen batteriebetriebene **Stimmgeräte.**

SO STIMMST DU DEINE GITARRE

Die meisten elektronischen Stimmgeräte verfügen über eine Buchse, in die man die Gitarre einstöpselt. Manche Stimmgeräte werden zwischen Gitarre und Verstärker angeschlossen, sodass man während des Übens oder bei einem Auftritt stimmen kann, ohne das Instrument umzustecken.

Es gibt auch Stimmgeräte, die man an die Kopfplatte der Gitarre klemmt; sie messen die Saitenschwingungen ohne das Signal aus den Tonabnehmern abzugreifen. Schließ Dein Stimmgerät an und befolg einfach die Gebrauchsanleitung.

Setz Dich mit Deiner Gitarre hin, halte das Plektrum zwischen Daumen und Zeigefinger der rechten Hand (der Zupf- bzw. Schlaghand), schlag eine Saite an (beginn mit der dicksten, der **6. Saite**) und schau auf die Anzeige des Stimmgeräts: Es zeigt an, ob die Saite **zu hoch, zu tief** oder **richtig** gestimmt ist. Ist sie zu hoch, löst Du ihre Spannung etwas, indem Du an der Stimmschraube drehst. Prüf die Tonhöhe erneut. Ist der Ton dann zu tief, drehst Du die Stimmschraube ein wenig in die entgegengesetzte Richtung. Prüf die Saite erneut und fahre so fort, bis sie richtig gestimmt ist. Verfahr mit den anderen fünf Saiten genauso.

Als Referenz findest Du hier die Töne und die korrekten Frequenzen (in **Hertz** [Hz] bzw. Schwingungen pro Sekunde) für die sechs Saiten Deiner Gitarre:

SAITE NR.	NOTE	FREQUENZ
6	E	82,41 Hz
5	A	110 Hz
4	D	146,83 Hz
3	G	196 Hz
2	H	246,94 Hz
1	E	329,63 Hz

Manche Stimmgeräte können auf andere Referenz-Tonhöhen eingestellt werden. Diese beziehen sich auf die Hertz-Zahl des Tons **A** (genauer gesagt auf das erste A auf der hohen E-Saite, aber darüber brauchst Du Dir keine Gedanken zu machen!). Unser Referenz-A sollte **440 Hz** haben.

Noten lesen

Musik besteht aus **Melodien, Akkorden** und **Rhythmus,** die alle mithilfe einer **Standard-Notenschrift** genau aufgeschrieben werden können. Zu Beginn wollen wir uns ansehen, wie die Töne, nach denen Du gerade Deine Saiten gestimmt hast, auf oder zwischen den **Notenlinien** dargestellt werden.

Am Anfang jedes Notensystems steht ein **Notenschlüssel.** Der hier verwendete ist ein **Violinschlüssel** oder **G-Schlüssel:** Er windet sich rund um die vierte Linie, auf der das G liegt – genau das G, das Du mit Deiner ungegriffenen (auch **leeren** oder **offenen**) 3. Saite spielst.

Mit Ausnahme des Tons H sind die Noten in einem wiederkehrenden Muster nach den ersten sieben Buchstaben des Alphabets benannt. Sobald man weiß, dass die Note auf der vierten Notenlinie G heißt, kann man erschließen, welchen Noten die anderen Linien und Zwischenräume entsprechen.

Unsere nächste Notenzeile zeigt die Noten für die vier hohen Leersaiten der Gitarre: E (1. Saite), H (2. Saite), G (3. Saite) und D (4. Saite).

E (1.) H (2.) G (3.) D (4.)

Wie sieht es mit der 5. und 6. Saite (A und E) aus? Diese Töne liegen tiefer und passen daher nicht auf die vorgegebenen Notenzeilen. Um sie zu schreiben, wenden wir einen Trick an und benutzen **Hilfslinien,** die die reguläre Notenzeile nach unten (und oben) erweitern. Hier sind die Noten für die zwei tiefen Saiten mit Hilfslinien:

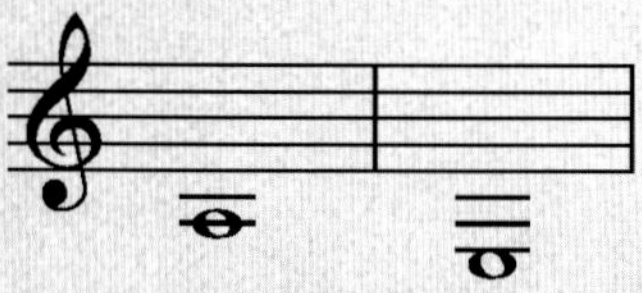

A (5.) E (6.)

Wenn Noten übereinandergestapelt sind, wie die Noten E, H und G (leere 1., 2. und 3. Saite) im Bild unten, schlägt man sie gleichzeitig an, als Akkord. Liegen sie auf der Notenzeile hintereinander, wie in den Abbildungen 3 und 4 (linke Spalte), spielt man sie nacheinander.

Akkord aus E, H und G (obere drei Saiten)

RHYTHMUS

Wie wird **Rhythmus** – der Zeitpunkt und die Dauer unserer Töne – auf den Notenlinien notiert?

Musik – insbesondere Pop- und Rockmusik – hat einen **Takt:** ein wiederkehrendes, rhythmisches Grundmuster, zu dem man mit dem Fuß klopfen, tanzen und sich bewegen kann. Häufig vorkommende Rhythmen haben **zwei oder vier Schläge,** wie ein Marsch („eins-zwei" oder „eins-zwei-drei-vier"), oder **drei Schläge,** wie ein Walzer („eins-zwei-drei"). Bei all diesen Rhythmen wird die „Eins" beim Zählen etwas stärker betont als die anderen Schläge.

In der richtigen Tonhöhe stimmen

Vielleicht wunderst Du Dich, wenn Du das oben gezeigte G auf dem Klavier spielst: Es klingt **acht Töne (= eine Oktave) höher** als das G, auf das Du Deine 3. Saite gestimmt hast. Das liegt daran, dass Gitarrenmusik immer eine Oktave höher notiert wird, als sie tatsächlich klingt. Darüber brauchst Du Dir keine Gedanken zu machen – außer, wenn Du Dein Instrument nach einem Klavier stimmst!

Um Rhythmen darzustellen, verwenden wir Noten mit und ohne Hals, die einem ganzen Schlag, einem Bruchteil oder einem Mehrfachen davon entsprechen. Die längste Note, die es gibt, ist die **ganze Note.** Sie entspricht vier Schlägen. Die Dauer einer ganzen Note kann durch mehrere kleinere gefüllt werden, wie die unten stehende Abbildung zeigt.

In der Notenschrift werden Grundschläge zu Gruppen zusammengefasst, die **Takte** heißen; die einzelnen Takte werden auf der Notenzeile durch senkrechte Linien, die **Taktstriche,** voneinander getrennt. Wenn ein Takt **vier Viertelnoten** hat, steht am Anfang der ersten Notenzeile eines Stücks die **Taktangabe 4/4:** Es ist ein **Vierviertelktakt** (Zählmuster „eins-zwei-drei-vier"). Weitere häufige Taktangaben sind **3/4** mit drei Viertelnoten pro Takt („eins-zwei-drei") und **2/4** mit zwei Viertelnoten pro Takt („eins-zwei").

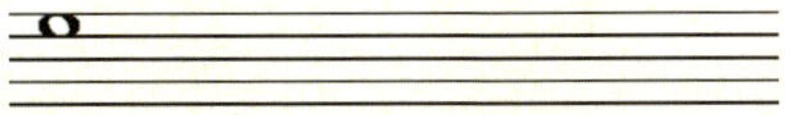

1 ganze Note

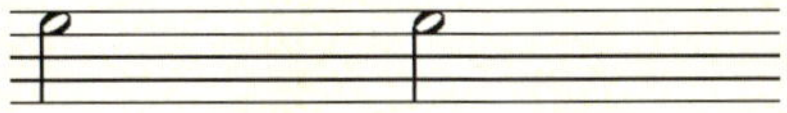

= 2 halbe Noten

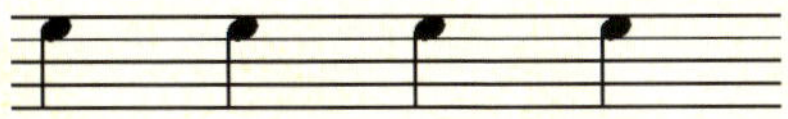

= 4 Viertelnoten

= 8 Achtelnoten

= 16 Sechzehntelnoten

Achtel- und Sechzehntelnoten können einzeln oder an den Hälsen verbunden notiert sein. Hier siehst Du beide Varianten.

Oben links: *Matt Bellamy, Gitarrist und Leadsänger der Alternative-Band Muse, in Aktion auf der Bühne.*

Oben rechts: *The Edge, Gitarrist von U2, verwendet elektronische Delay-Effekte, um seine unverwechselbaren Rhythmus-Parts zu gestalten, die zu einem Markenzeichen von U2 geworden sind.*

Tabulatur lesen

Die Standard-Notenschrift liefert viel Information über ein Musikstück – aber sie zu entziffern, kann vom eigentlichen Spielen ablenken, und sie zeigt auch nicht, wo auf dem Griffbrett und den Saiten die Noten und Akkorde zu finden sind.

Um die Sache zu vereinfachen, kombiniert dieses Buch die Notenschrift mit einer gitarrenfreundlichen Notation: der **Tabulatur.** Diese verwendet ein System aus sechs Linien (mit „TAB" gekennzeichnet), das unter der regulären Notenschrift steht. Die Linien stehen für die Saiten der Gitarre; die 6. Saite (das tiefe E) liegt dabei ganz unten. Eine Tabulatur bildet das Griffbrett so ab, wie man es sieht, wenn man beim Spielen daraufblickt. Der Ton, den Du spielen sollst, wird auf einer der Linien mit einer Zahl angeben. Eine **0** steht für eine leere (ungegriffene) Saite. Steht dort eine **1,** greifst Du die Saite im 1. Bund, ist eine **2** angegeben, greifst Du sie im 2. Bund … und so weiter. Es ist wirklich ganz einfach!

Bei einem **Akkord** stehen die Zahlen in der Tabulatur senkrecht. Unser erster Tabulatur-Akkord besteht aus der leeren 1., 2. und 3. Saite (E, H und G); die einzigen Zahlen in der Tabulatur sind dreimal die **0** auf den drei obersten Saiten; alle anderen Saiten bleiben also stumm.

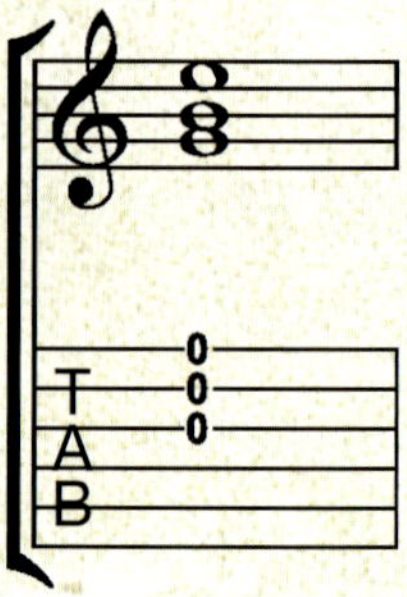

Als Nächstes schlägst Du die leere 2., 3. und 4. Saite an – das ergibt einen Akkord (von oben nach unten) aus H, G und D. Auch hier werden die unmarkierten Saiten nicht gespielt.

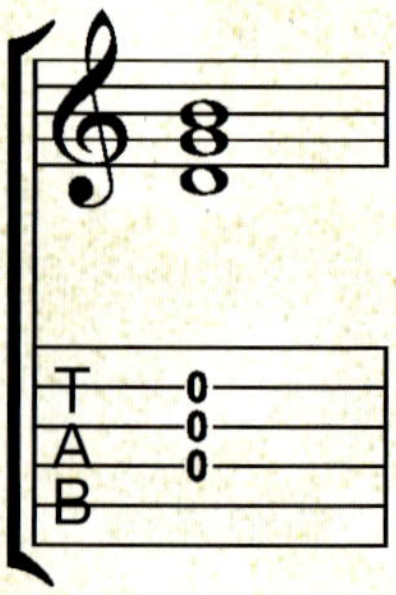

Nun folgt ein größerer Akkord über alle sechs Saiten. Dafür greifst Du die 4. und die 5. Saite im 2. Bund (was jeweils durch 2 angezeigt wird). Die Tabulatur sagt Dir nicht, welche Finger Du dazu nimmst; setz einmal den 2. Finger (Mittelfinger) auf die 5. und den 3. Finger (Ringfinger) auf die 4. Saite (s. Abb. unten). Die anderen Saiten sind mit 0 markiert, werden also offen gespielt. Spiel alle sechs Saiten, sobald Deine linke Hand richtig liegt.

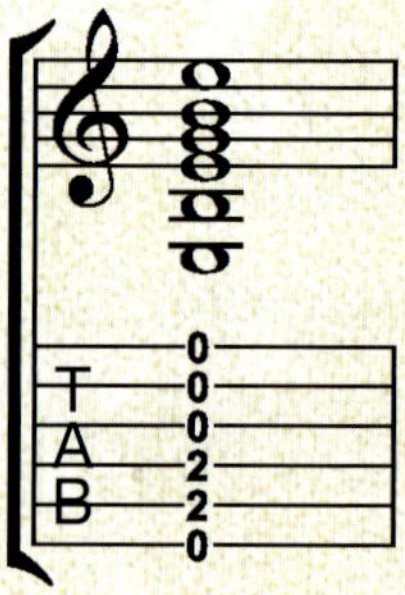

Wie war das? Du hast soeben einen e-Moll-Akkord gespielt! Wenn der eine oder andere Ton geschnarrt oder gedämpft geklungen hat, achte darauf, die 4. und 5. Saite fest herunterzudrücken und keine anderen Saiten zu berühren … dann probier es noch mal!

Oben: *Der Griff für den e-moll-Akkord, der oben in Notenschrift und in Tabulatur angegeben ist.*

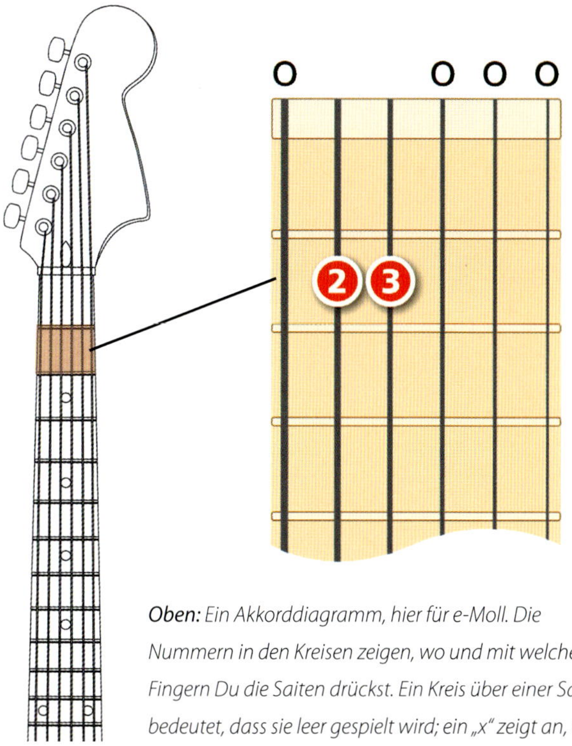

Oben: *Ein Akkorddiagramm, hier für e-Moll. Die Nummern in den Kreisen zeigen, wo und mit welchen Fingern Du die Saiten drückst. Ein Kreis über einer Saite bedeutet, dass sie leer gespielt wird; ein „x" zeigt an, dass sie gar nicht gespielt wird, also stumm bleibt.*

Oben: *Der Übergang vom B zum H auf der 5. Saite – wie in den Noten und der Tabulatur unten rechts angegeben.*

ACHTUNG, VORZEICHEN

Die Tabulatur klärt, was in der Notenschrift verwirren kann, zum Beispiel wenn **Vorzeichen** vorhanden sind – Symbole, die die Tonhöhe der „normalen" Noten verändern. Es handelt sich um das **Kreuz** (#), das **Be** (♭) und das **Auflösungszeichen** (♮). Steht ein Kreuz vor einer Note, **erhöht** sich diese um einen **Halbton** (den kleinsten „offiziellen" Tonabstand in der abendländischen Musik. Jeder Gitarrenbund verändert die Tonhöhe der Saite um dieses Intervall). Im Beispiel unten siehst Du zwei **erhöhte** Noten – es ist der Anfang des Lieds „Frère Jacques", auf der höchsten Saite gespielt. Ohne Kreuze würde es sich um die Noten E, F, G und E handeln, aber hier sind F und G durch das Kreuz einen Halbton erhöht und werden also auch einen Bund höher gespielt als normalerweise.

Das **Be** bewirkt das Gegenteil – es **erniedrigt** die Note um einen Halbton. Um ein geltendes Vorzeichen aufzuheben, benutzt man das **Auflösungszeichen** – es sagt dem Musiker, dass er das Vorzeichen hier ignorieren und die Note ganz normal spielen soll. Dieses kleine Riff enthält ein B (auf der 5. Saite im 1. Bund), gefolgt von einem H (also derselben Note ohne Vorzeichen, auf der 5. Saite im 2. Bund) und einem E (leere 6. Saite). Versuch's mal!

Vorzeichen gelten nur für den Takt, in dem sie auftauchen, bis zum Taktende, sofern sie nicht vorher aufgelöst werden. Wenn im anschließenden Takt wieder ein B gespielt werden soll, müssten wir erneut das b-Symbol benutzen.

Riffs

Zu Anfang wollen wir einen der wichtigsten Bestandteile des Rockgitarrenspiels näher unter die Lupe nehmen: das **Riff**! Ein Riff ist eine kurze, öfter wiederkehrende melodische Phrase – meist einfach und sehr eingängig. Ein tolles Riff füllt Stadien, lässt Menschen spontan Luftgitarre spielen, bringt Mädchen zum Kreischen und vieles mehr … doch auch wenn es oft einfach zu spielen ist: Ein solches Riff zu erfinden, ist gar nicht so leicht. Mein geschätzter Gitarrenkollege John Wheatcroft sagt gern: „Ein gutes Riff ist wie ein guter Witz. Es packt eine musikalische Idee in eine sehr kurze Zeitspanne, sodass Du denkst: „Mann, ich wünschte, *mir* wäre das eingefallen!" Von Deep Purples unverwüstlichem „Smoke on the Water" bis zum hämmernden „Seven Nation Army" von den White Stripes ist das Riff oft das Element, das den Menschen im Gedächtnis bleibt, wenn ihnen ein Song gefällt.

Bewundernswerte Sache! Nehmen wir also unser erstes Riff in Angriff. Sieh Dir das Notenbeispiel A unten an.

Es ist ein einfaches Riff aus zwei Tönen – einem E (leere 6. Saite) und einem G, gespielt im 3. Bund auf der 6. Saite. Das Beispiel hat zwei Takte, mit vier Schlägen pro Takt.

Der 1. Takt hat vier Viertelnoten; Du spielst also auf jedem Schlag eine Note – E (leere 6. Saite) auf Schlag 1 und 2, dann G im 3. Bund auf Schlag 3 und 4. Nimm für das G den 2. Finger (Mittelfinger) Deiner linken Hand. Schlag mit dem Plektrum die Saiten abwärts an.

Der 2. Takt beginnt mit vier Achtelnoten, die alle wieder auf der leeren E-Saite gespielt werden. Auf Schlag 3 folgt wieder ein G, dann eine **Pause** (siehe gegenüberliegende Seite oben) auf dem 4. Schlag. Versuch, diesen Takt „ab-auf-ab-auf-ab" mit Deinem Plektrum anzuschlagen.

Hast Du die doppelten Linien mit den Punkten an Anfang und Ende des Notenbeispiels gesehen? Das sind **Wiederholungszeichen:** Was zwischen ihnen steht, soll noch einmal gespielt werden.

Wenn Du Probleme hast, Noten und Rhythmus zu kombinieren, klatsch den Rhythmus zuerst. Üb auch den Übergang von E zu G langsam; achte darauf, dass keine ungewollten Töne mitklingen, und dämpf, wenn nötig, die anderen fünf Saiten mit den übrigen Fingern Deiner linken Hand. Hier wird Dir Dein 1. Finger (Zeigefinger) gute Dienste leisten.

Gut gemacht! Nun spielen wir ein viertaktiges Riff mit etwas mehr Noten. Wirf einen Blick auf das Notenbeispiel B unten:

A

Diese *Pause* bedeutet, dass hier nicht gespielt wird. Auf der gegenüberliegenden Seite oben siehst Du alle Pausenzeichen mit den jeweiligen Notenwerten.

B

Noten und Pausen

Ganze Note

Halbe Note

Viertelnote

Achtelnote

Sechzehntelnote

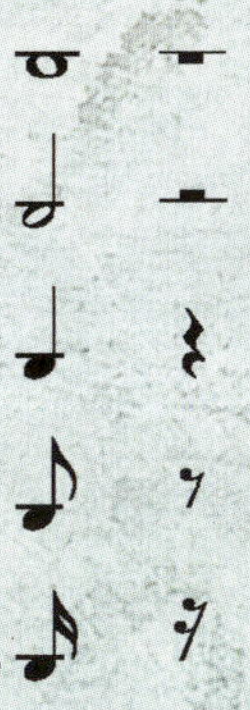

Rechts: Jack White
Ganz rechts: Eric Clapton

SONGS MIT KLASSISCHEN RIFFS

Kirk Hammett/James Hetfield (Metallica):
„Master of Puppets" – *Master of Puppets* (1986)
Jack White (The White Stripes):
„Seven Nation Army" – *Elephant* (2003)
Eric Clapton (Cream):
„Sunshine of Your Love" – *Disraeli Gears* (1967)
Keith Richards (The Rolling Stones):
„(I Can't Get No) Satisfaction" (Single, 1965)
George Harrison (The Beatles):
„Day Tripper" (Single, 1965)

Dieses Beispiel geht etwas weiter – es beinhaltet Prinzipien, mit denen Du selbst ein Killer-Riff komponieren kannst!

Takt 1 hat vier einfache Viertelnoten, zwei auf der leeren E-Saite, eine auf G, eine auf der leeren A-Saite. Spiel das G im ganzen Beispiel mit dem 3. Finger (Ringfinger). Takt 2 beginnt mit vier Achtelnoten auf dem cool klingenden B (siehe Seite 17 zu den Vorzeichen) im 1. Bund der A-Saite. Spiel es mit dem 1. Finger. Der Rest des Takts besteht aus zwei Viertelnoten: der leeren A-Saite und G. In Takt 3 spielen wir zwei Viertel auf der leeren E-Saite, danach eine Gruppe aus vier Achteln, dreimal F (im 1. Bund der E-Saite) und abschließend E auf der Leersaite. Der **Grundton** (E) und das F liegen einen Halbton (einen Bund) auseinander – eine in Hardrock und Heavy Metal häufig vorkommende Bewegung. Wir enden mit einem ganzen Takt dramatischer Stille – um die Musik „atmen" zu lassen und die Spannung zu steigern –, bevor wir das Ganze wiederholen.

Kirk Hammett

RIFFS SPIELEN

„Meine Gitarren sind meine Nabelschnur. Sie sind direkt mit meinem Kopf verkabelt."

Gegenüber und unten:
Kirk Hammett ist seit mehr als 25 Jahren Leadgitarrist von Metallica.

Jetzt nehmen wir uns einige richtige Rock-Riffs vor – im Stil von Kirk Hammett von Metallica. Man kann dieses Beispiel zwar unverzerrt spielen, aber mit starker Verzerrung funktioniert es am besten – wenn Du also an Deinem Verstärker einen „Dirty"- oder „Drive"-Kanal hast, schalte ihn ein!

Zuerst müssen wir noch klären, was es mit **Palm-Muting,** dem **Abdämpfen** der Saiten auf sich hat. Es ist ein wichtiger Bestandteil des Heavy-Sounds. Dazu legt man während des Spielens die Kante der Schlaghand in der Nähe des Sattels auf die Saiten, um ihren Klang zu dämpfen. Das geht am besten bei **Abschlägen** mit dem Plektrum, das wir für das ganze Beispiel benutzen.

Die ersten acht Takte konzentrieren sich vor allem auf die tiefe E-Saite. Nimm den 1. Finger für alle Noten im 1. Bund (auf jeder Saite), den 2. Finger für den 2. Bund und den 3. Finger für den 3. Bund. Die

Kirk Hammett wurde 1962 geboren und wuchs in El Sobrante, auf der östlichen Seite der San Francisco Bay, auf. Wie Tausende andere angehende Gitarristen fing er mit etwa 15 Jahren an zu spielen, auf einer billigen E-Gitarre aus einem Versandhauskatalog. Bald schon hatte er sich zu einer Fender Stratocaster hochgearbeitet, später zu einer Gibson Flying V. 1980 gründete er zusammen mit anderen die Band **Exodus,** eine Thrash-Metal-Band. Etwa zu dieser Zeit bekam er Unterricht von Gitarrenlegende **Joe Satriani** (siehe Seiten 44–45). Exodus trat häufig als Vorgruppe von bekannteren Bands auf, und eine davon war **Metallica,** deren Mitglieder Hammett im Frühjahr 1983 als Ersatz für **Dave Mustaine** anwarben. Hammett zog nach New York zu seinen neuen Kollegen. Sein Gitarrenspiel ist bereits auf Metallicas Debütalbum *Kill 'Em All* zu hören, das im Juli 1983 herauskam.

Aufgrund von Zeitdruck war Hammett gezwungen, viele seiner Gitarrenparts auf dem Album nach Mustaines Vorlagen zu spielen, aber sein eigener Stil – sehr blueslastig und mit viel Wah-Wah-Effekt – ist seitdem ein wesentliches Element des Metallica-Sounds. Sein Können verdankt er intensivem Üben (er sagt, er spiele an 361 von 365 Tagen Gitarre!), und sein Musikgeschmack ist erstaunlich breit gefächert: Zu seinen musikalischen Vorbildern zählen **Alex Lifeson** von der kanadischen Rockband **Rush; Jeff Beck, Deep Purple** und der Jazz-Saxofonist **John Coltrane.**

Metallica steht zurzeit auf Platz sieben der meistverkauften Bands in den USA. Ihr bisher erfolgreichstes Album ist *Metallica* (alias *The Black Album*) von 1991 mit vielen klassischen Hammett-Riffs – unter anderem das der Hitsingle „Enter Sandman". 2009 wurden die Metallica-Musiker in die **Rock and Roll Hall of Fame** aufgenommen. Hammett ist Fan von ESP-Gitarren; er bevorzugt Verstärker von Mesa Boogie und Randall.

restlichen acht Takte sind eigentlich nur ein viertaktiges Riff, das wiederholt wird, aber mit unterschiedlichem Ende. Ich schlage vor, dass Du die Töne im 7. und 8. Bund auf der A-Saite mit dem 1. und 2. Finger spielst. Achte auf die Pausen im 5. Takt vor dem Schluss: Du musst die Saiten mit der Handfläche der Schlaghand und/oder der Greifhand abdämpfen – für die Dauer des ganzen 2. Schlags und die Hälfte des 4. Schlags. Die Noten im 1. Bund auf der 5. und 6. Saite werden in diesem Takt beide mit dem 1. Finger gespielt. „Spring" nicht mit diesem Finger, sondern probier einen **Barré-Griff:** Leg den 1. Finger über beide Saiten, sodass jederzeit beide Töne gespielt werden können, auch wenn Du sie nacheinander spielst. Rhythmisch ist dies der schwierigste Takt. Lass Dir Zeit damit – klatsch den Rhythmus, und üb das Ganze zuerst sehr langsam. Das rockt, oder?

Powerchords

Unser nächstes Thema ist der sogenannte **Powerchord.** In Kapitel 1 hast Du erfahren, dass Akkorde (engl. *chords*) entstehen, indem man mehrere Töne gleichzeitig spielt. Powerchords sind sehr einfache, aber kraftvolle Akkorde, und die meistgespielten Akkorde in der Rockmusik. Man hört sie in Hardrock, Heavy Metal, Punk, Grunge und vielen anderen Rock-Stilen. Zum Glück sind sie nicht schwer zu spielen – und viele tolle Songs bestehen vollständig aus Powerchords!

Das Herzstück der Powerchords sind Töne im Abstand **(Intervall)** von fünf Tönen, einer Quinte. Jeder Powerchord enthält also zwei Töne: den **Grundton** (1.) und die **Quinte** (5.). Deswegen haben sie Namen wie A5, C5 und so weiter. Der Buchstabe zeigt jeweils den Grundton des Akkords an.

Schauen wir uns unseren ersten Powerchord an – spiel ihn mit Verzerrung, wenn Du kannst!

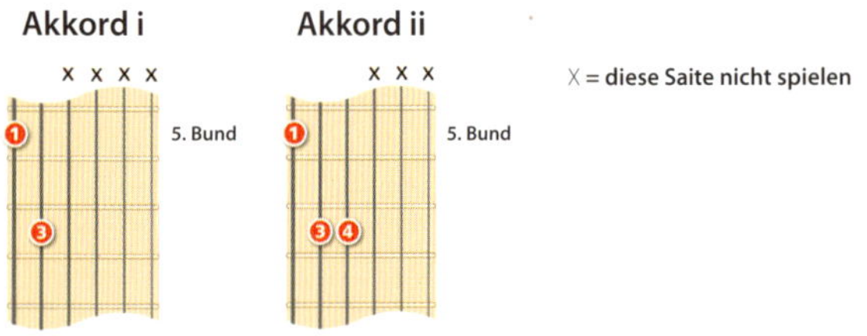

Die Akkorde i und ii sind beide A-Powerchords, auch bekannt als A5. Im Beispiel i ist der **Grundton** das A im 5. Bund der tiefen E-Saite, und die **Quinte** ist das E im 7. Bund der A-Saite. Der häufigste Fingersatz hierfür ist: 1. Finger im 5. Bund, 3. Finger im 7. Bund. Leg den 1. Finger gleichzeitig locker auf die übrigen vier Saiten, ohne sie herunterzudrücken, um sie leicht zu dämpfen, damit keine ungewollten Töne erklingen, wenn Du diesen Akkord anschlägst.

Wenn Du Probleme hast, die Bünde zu erreichen, verändere die Haltung von Greifhand und Daumen, sodass die Finger parallel zu den Bünden liegen.

Oben: Akkord ii – das Griffmuster für den A5-Akkord mit drei Tönen, der links abgebildet ist.

Beispiel ii ist derselbe Powerchord, aber es kommt eine weitere Note A hinzu, eine **Oktave** höher. Die Bezeichnung für den Akkord bleibt gleich, weil wir ja nur den Grundton A in einer höheren Tonlage wiederholen. Setz für diesen hohen Ton den 4. Finger (den kleinen Finger) im 7. Bund auf die D-Saite.

Nun verschieben wir das Zweifinger-Griffschema von Akkord i und spielen verschiedene Powerchords (siehe unten).

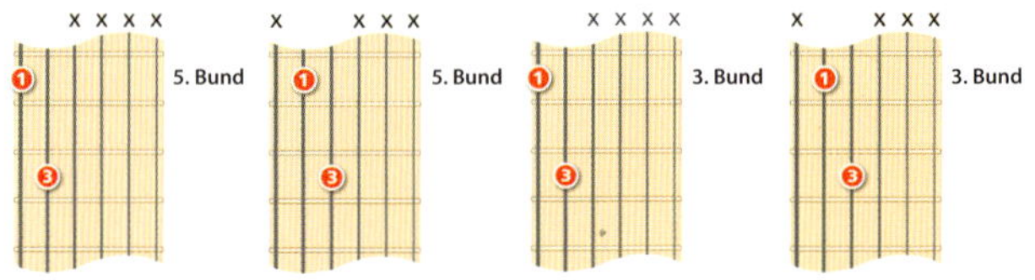

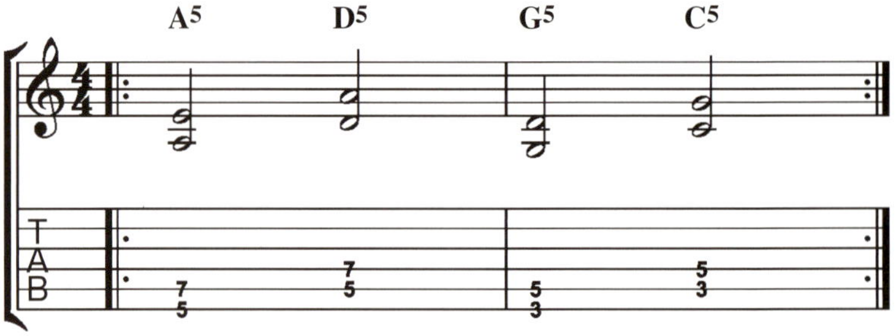

Mit demselben Griffschema wie im vorigen Beispiel spielen wir vier verschiedene Powerchords als halbe Noten – jeder Akkord ist also zwei Schläge lang. Es gibt zwei mit dem Grundton auf der 6. (E-)Saite und zwei mit dem Grundton auf der 5. (A-)Saite. Bei den letzten beiden musst Du besonders achtgeben, keine weiteren Saiten versehentlich anzuschlagen. Sei sehr präzise beim Anschlag mit der rechten Hand. Zusätzlich kannst Du mit der Spitze des 1. Fingers der linken Hand die 6. Saite leicht berühren, um sie abzudämpfen (zusätzlich zum „Bewachen" der ersten drei Saiten).

Oben: *Der D5-Akkord in der Notation unten rechts auf Seite 22. Der 1. Finger dämpft die 6. Saite.*

POWERCHORDS IN AKTION

Kurt Cobain (Nirvana): „Lithium" – *Nevermind* (1991)

Josh Homme/Troy Van Leeuwen (Queens of the Stone Age): „Little Sister" – *Lullabies to Paralyze* (2005)

Billie Joe Armstrong (Green Day): „American Idiot" – *American Idiot* (2004)

Tom DeLonge (Blink-182): „All the Small Things" – *Enema of the State* (1999)

Vigilante Carlstroem/Nicholaus Arson (The Hives): „Tick Tick Boom" – *The Black and White Album* (2007)

Oben: *Billie Joe Armstrong, Leadgitarrist der amerikanischen Punkrockband Green Day.*

Das letzte Beispiel (unten) zeigt, wie leicht sich dieses Griffschema verschieben lässt, um coole Akkordprogressionen zu spielen.

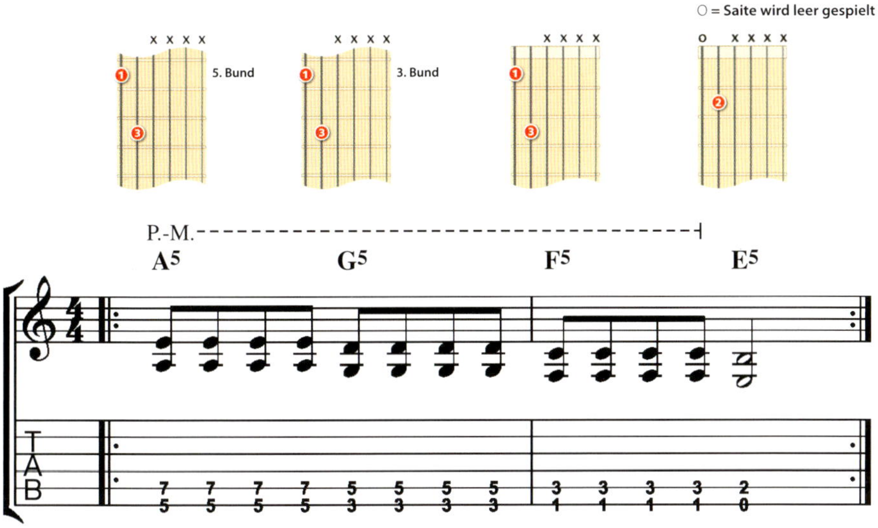

Die ersten drei Powerchords (A5, G5 und F5) werden viermal angeschlagen, das E5 am Ende nur einmal. Nimm für E5 den 2. oder 1. Finger. Verwende für die ersten drei Akkorde außerdem Palm-Muting, um einen satten gedämpften Rocksound hinzubekommen. Beim letzten Akkord nimmst Du die rechte Hand von den Saiten und lässt ihn ausklingen. Stell Dir beim Spielen vor, dass Du auf einer Bühne in einem vollen Stadion stehst. *Viel Spaß!*

Kurt Cobain

Gegenüber: *Kurt Cobain auf der Bühne mit seiner Linkshänder-Fender.*

POWERCHORDS

„Ich möchte lieber gehasst werden als der, der ich bin, als geliebt werden als der, der ich nicht bin."

Nun lernen wir eine Akkordfolge im Stil von Nirvana-Frontmann und Grunge-Ikone Kurt Cobain kennen. Das Stück besteht komplett aus Dreifinger-Powerchords (mit der zusätzlichen Oktave), daher kannst Du dasselbe Griffschema auf dem Griffbrett hin und her bewegen. Einzige Ausnahme ist E5, bei dem eine leere E-Saite gespielt wird. Leg dafür den 1. Finger im 2. Bund als Barré über die 4. und 5. Saite.

In Abschnitt A (erste acht Takte) werden pro Takt zwei Akkordmuster gespielt. Bei unserem Grundrhythmus liegt der erste Akkord auf Schlag 1, auf Schlag 2 kommt eine Pause und auf „2-und" wieder derselbe Akkord. Dieses rhythmische Muster wiederholt sich mit dem nächsten Akkord (auf Schlag 3 sowie „4-und"). Setz bei den Pausen beide Hände ein: Die Schlaghand dämpft die Saiten komplett; die Finger der Greifhand bleiben, wo sie sind, drücken die Saiten aber für einen Moment nicht herunter. Lass Dir Zeit, diese Abfolge zu üben – die Pausen auf der 2 und der 4 sind das Schwierigste an dem Stück. Vielleicht schaffst Du auch die Akkordwechsel noch nicht schnell genug, um im Takt zu bleiben. Das ist ganz normal. Üb ganz langsam; nimm Dir erst den Wechsel zwischen den Akkorden vor, bevor Du weitermachst.

Die letzten vier Takte (B) kombinieren gedämpftes Anschlagen von G5 mit einem krachenden, nicht gedämpften E5-Powerchord mit leerer E-Saite. Rock on!

Kurt Cobain wurde 1967 in Hoquiam geboren, einer Holzindustriestadt im Staat Washington im Nordwesten der USA, und wuchs etwas weiter östlich in Aberdeen auf. Sein Musikgeschmack und sein Können waren von der lebendigen Rockszene in und um Seattle geprägt, die neben seiner eigenen Band **Nirvana** auch **Pearl Jam, Mudhoney** und weitere Grunge-Ikonen hervorbrachte.

Cobain gründete Nirvana zusammen mit dem Bassisten **Krist Novoselic** um 1986. Ihre direkte Inspiration war die lokale Band **The Melvins,** aber Cobain hatte auch bei **Led Zeppelin, Aerosmith** und den **Sex Pistols** genau zugehört. Sowohl **Dale Crover** von The Melvins als auch **Chad Channing** spielten bei Nirvana Schlagzeug (und sind auf dem Debütalbum *Bleach* von 1989 zu hören). 1990 wurde Channing durch **Dave Grohl** ersetzt, der bis zum Ende der kurzen Karriere der Band dabeiblieb.

Nirvana kam 1991 mit der Single „Smells Like Teen Spirit", die maßgeblich von Cobains unverwechselbarem Riffspiel geprägt ist, ganz groß raus. Das dazugehörige Album *Nevermind* verkaufte sich millionenfach und gilt als eines der einflussreichsten Alben seiner Generation. Der immense Druck, der aus dem Riesenerfolg resultierte, blieb nicht ohne Folgen für Cobain; Drogensucht und gesundheitliche Probleme standen seiner Arbeit immer wieder im Weg. Nirvanas nächste CD, *Incesticide* von 1992, war nur eine B-Seiten-Compilation. Das letzte Studioalbum der Band, *In Utero,* erschien im folgenden Jahr und setzte sich erneut an die Spitze der Charts, doch Kurt Cobains Probleme wurden immer schwerwiegender, bis er sich am 5. April 1994 in seinem Haus in Seattle das Leben nahm. Nirvanas letzte Liveaufnahme, ein „Unplugged"-Konzert für MTV, war im November 1993 aufgezeichnet worden und kam ein Jahr später auf CD heraus.

Kurt Cobains Lieblingsgitarren waren die Fender Modelle Jaguar und Mustang; mit Fender zusammen arbeitete er an der Entwicklung eines neuen Typs, einer Kombination aus Jaguar und Mustang. Die Jag-Stang kam 1994 auf den Markt, wird aber derzeit nicht produziert. Cobain verwendete verschiedene Verstärker, unter anderem von Marshall und Mesa Boogie.

A
A5 C5 F#5 A#5 F5 G#5 E5 G#5
(EINS ZWEI-UND DREI VIER-UND)
A5 C5 F#5 A#5 F5 G#5 E5
P.-M.
G5 E5 G5 E5

Noch mehr Riffs und Powerchords

Nun steigen wir etwas tiefer in die Kunst des Riffspielens ein und beginnen, Powerchords mit Einzelnoten zu noch eindrucksvolleren Killer-Riffs zu kombinieren. Von Black Sabbath bis Megadeth, von Rage Against the Machine bis zu allen vom Hardrock abstammenden Spielarten des Rock, die es heute gibt, haben sich Powerchords in Kombination mit Linien aus Einzeltönen stets als guter Stoff für knackige Riffs erwiesen – und sie sind immer noch eine reiche Quelle fantastischer, unvergesslicher Musik.

Sehen wir uns das erste Beispiel an (Notation A, unten). Wieder gilt: Schalt ruhig den Verzerrer ein, wenn Du einen hast, und *los geht's!*

Es ist ein zweitaktiges Riff in e-Moll. Es kombiniert ein tiefes E mit einer Folge von Powerchords. Wie Du siehst, werden auf jedem zweiten Schlag zwei Achtel auf der tiefen E-Saite gespielt – außer im letzten Teil des Riffs, das mit einer coolen Variation endet. Diese „Frage und Antwort"-Struktur ist in wiederkehrenden Riffs sehr häufig. Alle Powerchords spielst Du am besten mit dem Standard-Fingersatz: 1. Finger auf der 6. und 3. Finger auf der 5. Saite. Und denk daran: Wenn Du Probleme hast, die Powerchords zu greifen, verändere die Hand-/Daumenhaltung – plötzlich kommen Dir Deine Finger viel länger vor! Lass Dir Zeit mit den beweglichen Powerchords, und üb den Wechsel von einem zum anderen erst ganz langsam. So hilfst Du Deinem Gehirn, die korrekten Griffwechsel richtig zu „speichern", und wirst bald zügig zwischen den Akkorden wechseln können. Spiel das ganze Riff am besten nur mit Abschlägen. So machen es die meisten Rockgitarristen. Probier es außerdem einmal mit und einmal ohne Palm-Muting der leeren E-Saite. Beide Male soll es schön rockig klingen!

Das nächste Beispiel (siehe Notation B, gegenüberliegende Seite oben) kommt aus der härteren Ecke des Rock – Thrash Metal und Speed Metal. Solch ein Riff könnte man von Gitarristen wie Kerry King und Jeff Hanneman von Slayer hören. (Slayer ist eine der „Großen Vier" im Heavy Metal – neben Metallica, Megadeth und Anthrax). Atme tief durch und bereite Deinen Arm schon mal auf Muskelkater vor!

Der Hauptteil dieses Riffs ist das rhythmische Muster auf der tiefen E-Saite. Es wird auf der 1., 3. und 4. Sechzehntelnote jedes Schlags gespielt:

Oben: *Tony Iommi, Gründungsmitglied von Black Sabbath. Die Bundmarkierungen seiner Gibson SG sind kreuzförmige Einlegearbeiten aus Perlmutt.*

A

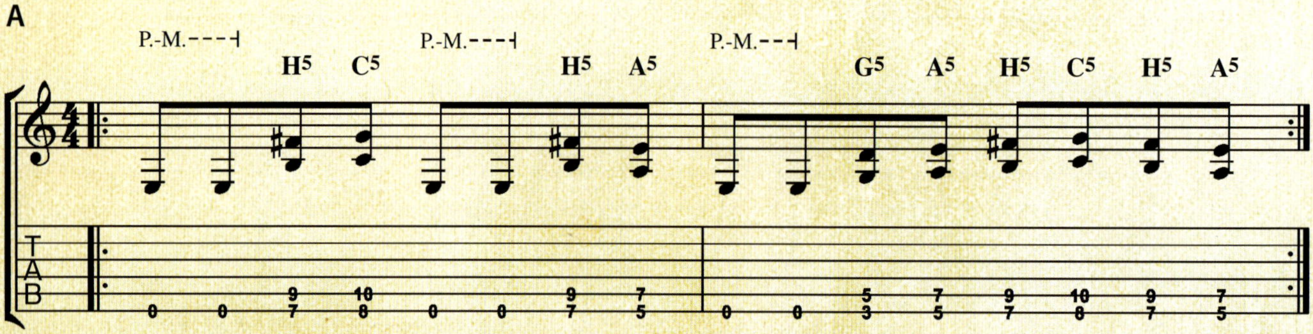

B

RIFFS IN AKTION

Jimmy Page (Led Zeppelin): „Whole Lotta Love" – *Led Zeppelin II* (1969)

Tony Iommi (Black Sabbath): „Iron Man" – Paranoid (1970)

Angus Young/Malcolm Young (AC/DC): „Back in Black" – *Back in Black* (1980)

Kerry King/Jeff Hanneman (Slayer): „Raining Blood" – *Reign in Blood* (1986)

Jamie Cook/Alex Turner (Arctic Monkeys): „Fake Tales of San Francisco" – *Whatever People Say I Am, That's What I'm Not* (2006)

Wenn Du jeden aus Sechzehnteln bestehenden Schlag so zählst: „1-e-un-te, 2-e-un-te", spielst Du auf „1", „un" und „te". Das Zupfmuster ist bei jeder Gruppe aus drei Noten „ab-ab-auf". Üb dieses Muster auf der E-Saite, bevor Du die Powerchords dazunimmst. Anschließend dämpfst Du die Saiten wie zuvor mit der Schlaghand ab – Palm-Muting! Wenn Du bereit bist, spielst Du die Powerchords am Ende des 2. und 4. Takts dazu. Bei den Powerchords nimmst Du das Palm-Muting zurück, damit sie einen besonders dramatischen Effekt erhalten. Stell Dir vor, ganze Konzerte mit Riffs wie diesem zu spielen … es ist ja schon schwierig, es mehrere Minuten lang in einem akzeptablen Tempo durchzuhalten!

__Oben:__ Kerry King von der Thrash-Metal-Band Slayer mit einer seiner ungewöhnlich geformten Solidbody-Gitarren von B.C. Rich.

Jimmy Page

RIFFS UND POWERCHORDS

„Ich habe immer an unsere Musik geglaubt – deshalb war sie so kompromisslos."

***Unten:** Jimmy Page von Led Zeppelin: einer der schillerndsten Virtuosen an der Rockgitarre.*

Zum Abschluss unserer Reise durch Riffs und Powerchords sehen wir uns den Stil von Riffmeister Jimmy Page an, der – zusammen mit dem Rest von Led Zeppelin – Ende der 1960er-Jahre die großartigen Grundlagen für Hardrock- und Heavy-Metal-Riffs geschaffen hat. Vorher schaltest Du auf Deinen Steg-Tonabnehmer um, damit der Sound heller und härter klingt, und stell für das richtige Feeling auch gleich etwas Verzerrung ein.

Unser Stück im Page-Stil beginnt mit einer langen Phrase, in der Du die Töne im 7. Bund am besten mit dem 3. Finger spielst, die im 6. Bund mit dem 2. Finger und die im 5. Bund mit dem 1. Finger. Spiel die Powerchords mit dem üblichen Fingersatz, bis auf den offenen A5-Akkord, für den Du nur den 1. Finger brauchst. Man kann dieses Stück nur mit Abschlag spielen, aber ich empfehle, es mit Auf- und Abschlag im Wechsel zu versuchen, sodass die Töne auf einem **betonten Schlag** (1, 2, 3, 4) mit Abschlag, diejenigen auf einem **unbetonten Schlag** („1-und, 2-und, 3-und, 4-und") mit Aufschlag gespielt werden. Das funktioniert im ganzen Beispiel sehr gut.

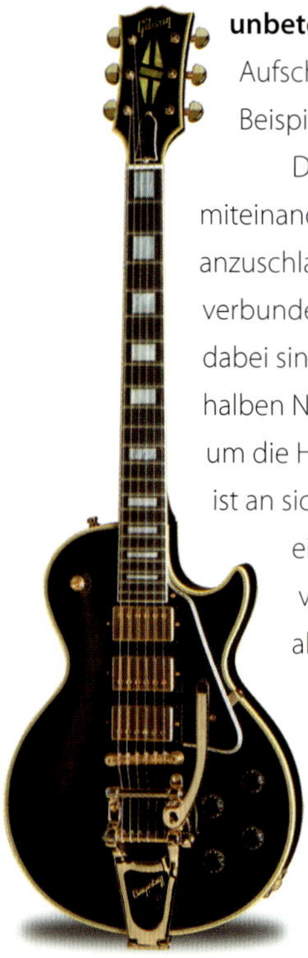

Die Noten von Takt 3 und 4 sind durch **Bögen** miteinander verbunden. Anstatt die Töne in Takt 4 einzeln anzuschlagen, lässt Du sie einfach für die Dauer der verbundenen Noten weiterklingen. Und da wir gerade dabei sind: **Punkte** hinter Noten, wie die hinter den halben Noten in Takt 4, verlängern die **punktierte** Note um die Hälfte ihres Werts. Also: Die halbe Note in Takt 4 ist an sich zwei Schläge lang; der Punkt verlängert sie um einen auf insgesamt drei Schläge (2 + 1). Die verbundenen Noten in den Takten 3 und 4 zählen also insgesamt sieben Schläge (4 + 3).

In den letzten vier Takten kommt zum A5-Powerchord eine bluesige Linie aus Einzelnoten hinzu. Leg für A5 den 1. Finger im 2. Bund über die 3. und 4. Saite, dann für das C den 2. Finger im 3. Bund auf die 5. Saite. Ändere die Handhaltung leicht, und nimm den 1. Finger für den 1. Bund, den 2. Finger für den 2. und den 3. Finger für den 3., bis der nächste Powerchord kommt. Dann wiederholt sich das Ganze. Es ist eigentlich ein Riff aus zwei Takten, das in der Wiederholung leicht variiert wird. Cool: Und jetzt dreh die Lautstärke auf. Viel Spaß beim Abrocken!

***Links:** Eine Gibson Jimmy Page Les Paul Custom, mit vergoldeten Metallteilen und einem Bigsby-Vibrato.*

Jimmy Page wurde 1944 in West-London geboren. Er wuchs in Epsom in Surrey auf und fing mit etwa zwölf Jahren an, Gitarre zu spielen. Er machte sich in der lokalen Musikszene einen Namen und ging später nach London, wo er in Aufnahmestudios als Sessionmusiker gebucht wurde. Diese Jobs waren gut bezahlt und abwechslungsreich (man hört ihn auf Platten von **The Who, The Kinks** und weniger bekannten Bands), inspirierten ihn aber nicht, und so schloss er sich 1966 den **Yardbirds** an. Zuerst spielte er Bass; später teilte er sich die Gitarrenparts mit **Jeff Beck** (siehe Seiten 80–81) und wurde nach dessen Weggang der einzige Gitarrist der Band.

Die Gruppe löste sich 1968 auf. Da sie aber zu einer Konzertreihe in Skandinavien verpflichtet war, stellte Page dafür das Quartett **The New Yardbirds** zusammen, mit ihm selbst, Sänger **Robert Plant,** Bassist **John Paul Jones** und Drummer **John Bonham.** Ihre Wahl des Namens **Led Zeppelin** geht auf eine Bemerkung von **Keith Moon** von The Who zurück, der einmal gesagt hatte, ein weiteres Projekt mit Page, Beck und Moon sei wahrscheinlich ebenso gut geeignet, abzuheben, wie ein Bleizeppelin (engl. *lead zeppelin*).

Alle Zweifel über Led Zeppelins Zukunft schwanden schnell: Die Band feierte in den 1970er Jahren riesige Erfolge, erfand das Genre des Hardrock, verkaufte Millionen Schallplatten und verdiente ebenso viel an Tantiemen. Die Anekdoten über ihr wildes Leben sind in die Rock-Mythologie eingegangen, aber ihren Ruhm verdanken sie ihren Qualitäten als Komponisten und als Live-Band – und dem satten Gitarrensound von Jimmy Page, einer Synthese aus Rock, Blues, Folk und vielem mehr. Sie trennten sich 1980 nach dem Tod von John Bonham, aber die Verehrung, die ihnen bei ihrem Reunion-Konzert 2007 in London entgegengebracht wurde (mit Bonhams Sohn **Jason** am Schlagzeug), zeigte, wie sehr die Fans sie immer noch liebten. Jimmy Page blieb weiterhin erfolgreich und spielte mit vielen Kollegen zusammen, insbesondere mit Robert Plant. Für seine wohltätige Arbeit zugunsten brasilianischer Kinder erhielt er 2005 den „Order of the British Empire". Sein Name ist eng mit Gibson-Gitarren verbunden. Als Verstärker benutzt er Marshall-, Fender-, Orange- und viele andere Modelle.

Offene Akkorde und das CAGED-System

Wagen wir uns etwas weiter in die bunte Welt der Akkorde. Du erinnerst Dich: Ein Powerchord besteht aus nur zwei Tönen – dem **Grundton** (1.) und der **Quinte** (5.). Neben Powerchords sind die häufigsten Akkorde die **Dur-Akkorde,** die meist heiter klingen, und die eher melancholisch klingenden **Moll-Akkorde.** Dur-Akkorde bestehen aus der 1., 3. und 5. Stufe einer Tonleiter (Grundton, **Terz** und Quinte); Moll-Akkorde aus der 1., der **um einen Halbton erniedrigten** 3. und der 5. Stufe; die 3. Stufe macht also den Unterschied. Diese Töne können mehrmals im Akkord enthalten sein. Als Erstes lernen wir die offenen oder Grundakkorde kennen, die in der ersten Lage gespielt werden und mindestens eine Leersaite enthalten. Spiel dazu mit einem klaren Sound ohne Verzerrer.

Sieh Dir das Notenbeispiel A unten an. Nimm Dir Zeit, diese Akkorde zu lernen – denn Du kannst mit ihnen buchstäblich Tausende berühmter Songs spielen! Nimm Dir immer zwei Akkorde auf einmal vor und üb, zwischen ihnen zu wechseln – ganz langsam!

Im nächsten Schritt erlernen wir das sogenannte **CAGED-System** (ein Merkwort für die fünf Grundakkorde C, A, G, E und D). Dabei wandeln wir die Griffmuster der offenen Akkorde in **bewegliche Griffmuster** um – in **Barré-Akkorde,** mit denen sich *jeder* Akkord in *jeder* Tonart spielen lässt – solange man seinen Grundton auf dem Griffbrett findet! Nun sieh Dir das Diagramm oben rechts an.

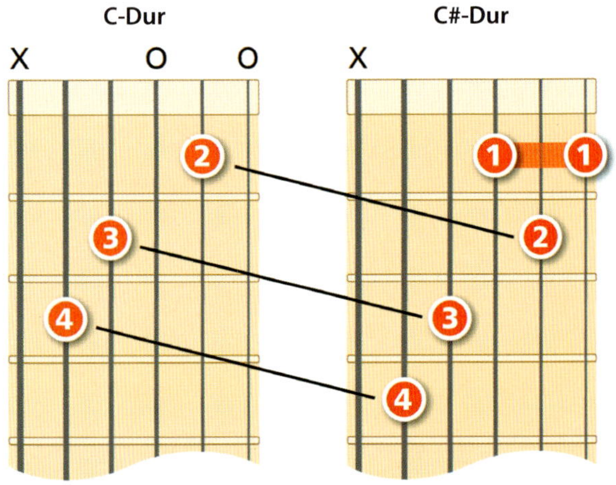

Nimm zum Beispiel einen C-Dur-Akkord und ändere den Fingersatz wie im Diagramm gezeigt: Der 4. Finger liegt nun im 3. Bund auf der 5. Saite, der 3. Finger im 2. Bund auf der 4. Saite und der 2. Finger im 1. Bund auf der 2. Saite. Dabei wird Dein 1. Finger frei, sodass er über beliebig viele Saiten ein Barré greifen kann. Verschiebe nun Deinen C-Griff einen Bund (und einen Halbton) nach oben zum C# und greif im 1. Bund die oberen drei Saiten als Barré-Griff.

Nun versuchen wir, einen Akkord in allen fünf Griffmustern zu spielen, was uns auf dem Hals weit nach oben führt! (Siehe Notenbeispiel B auf der gegenüberliegenden Seite oben.)

A

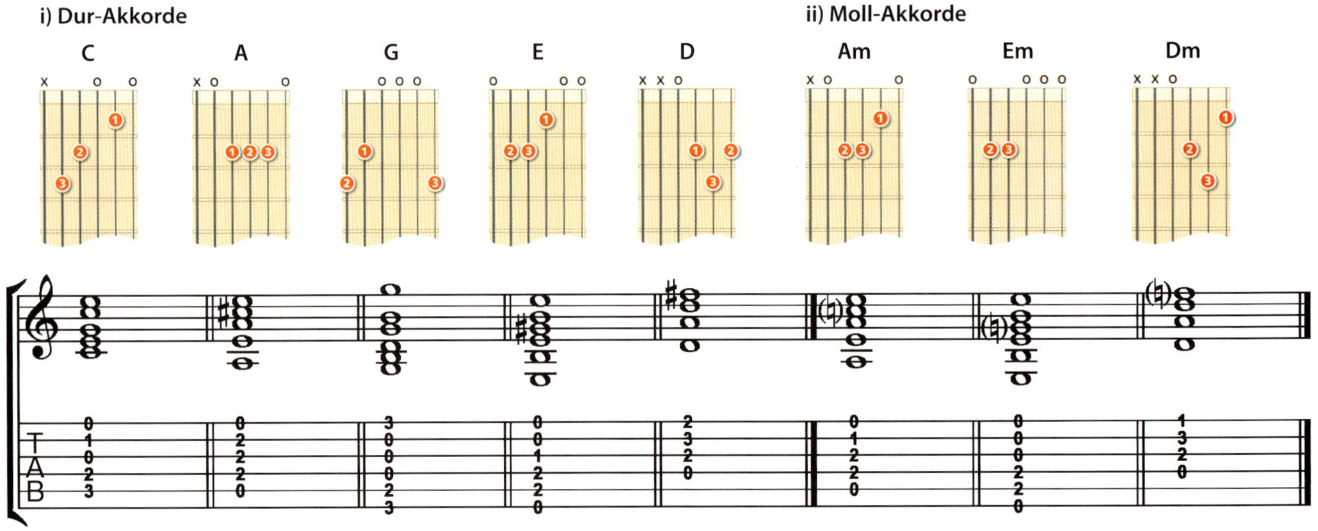

B

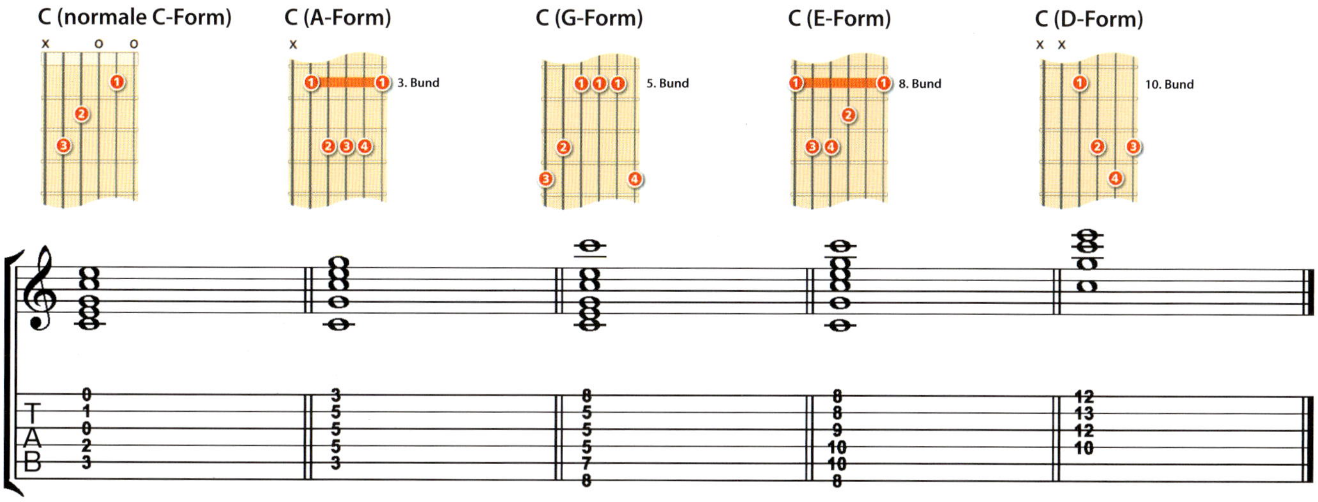

Wie Du am Beispiel oben sehen kannst, bewegt sich das CAGED-System über die fünf Griffmuster in einem wiederkehrenden Zyklus das Griffbrett hinauf. Konzentrieren wir uns jetzt auf das E- und das A-Griffschema, da diese am häufigsten vorkommen.

Dazu haben wir einen neuen Grundton gewählt – G – und erkunden die verschiebbaren Griffe des Dur- und des Moll-Akkords auf E (Grundton auf der 6. Saite) und auf A (Grundton auf der 5. Saite). Verwende dazu die auf den Diagrammen gezeigten Fingersätze. Jede Note muss klar klingen, kein Schnarren sollte zu hören sein. Spiel jeden Ton einzeln, von der tiefsten Saite an aufwärts. Wenn es Dir schwerfällt, die Saiten zu greifen, korrigiere Deine Hand-/Daumenhaltung, wie zuvor erwähnt. Besonders bei der *Moll*-Version des E-Griffschemas, die als Gm (E-Form) in Beispiel C unten erscheint, ist die 3. Saite schwierig zu greifen. Mein Tipp hier: Stütze den 1. Finger beim Barré-Griff durch den 2. Finger.

Viel Glück!

***Links:** Der g-Moll-Barré-Akkord in E-Form – der 1. Finger wird durch den 2. Finger unterstützt.*

C

i) Dur-Akkorde / **ii) Moll-Akkorde**

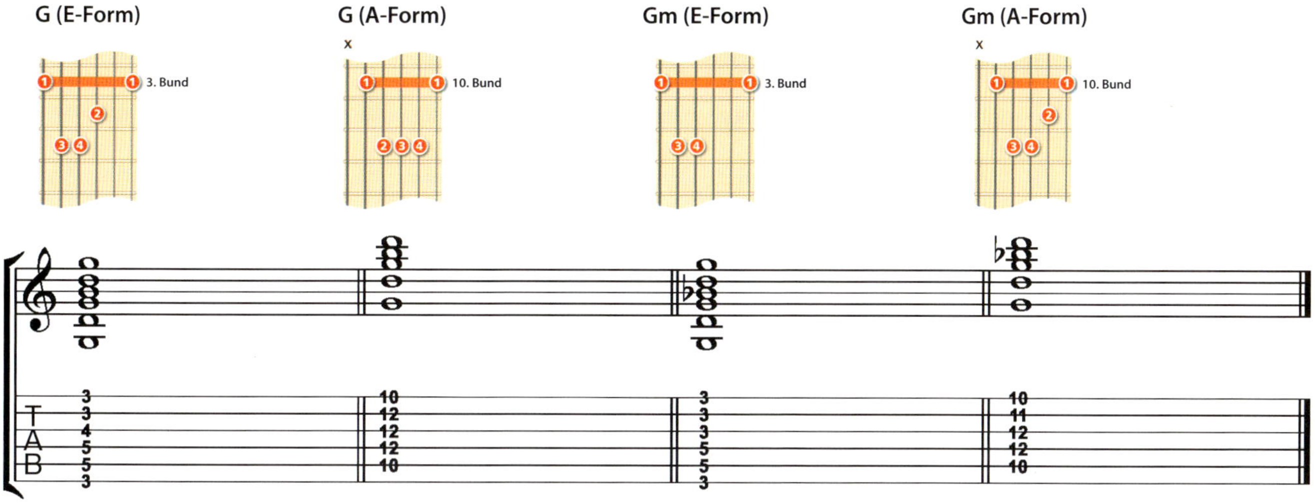

Jack White

GRUND- UND BARRÉ-AKKORDE

„Die ganzen Fragen beantworte ich nur, damit ich Musik machen kann."

Unten: *Cooler geht's nicht: Jack Whites Gretsch-Gitarre und sein T-Shirt im selben Rot!*

Wenn Du einen Beweis dafür suchst, dass große Songs nur mit wenigen Grundakkorden und vielleicht dem ein oder anderen Barré-Griff auskommen, dann brauchst Du Dir nur einen der produktivsten Gitarristen und Songschreiber des neuen Jahrtausends anzusehen – Jack White. Dieses Beispiel im White-Stil (siehe gegenüber, unten) basiert auf der Tonart A-Dur, und seine wiederkehrende Progression von Dur-Akkorden (A, G, C, D) kann ausschließlich mit offenen Akkorden gespielt werden. Die vier ersten, wiederholten Takte können recht kraftvoll, nur mit Abschlägen, gespielt werden. Dämpf die Saiten in den Pausen mit der Handfläche – das gibt Dir Zeit, mit der linken Hand den nächsten Akkord zu greifen. In der zweiten Zeile (B) stehen dieselben Akkorde in zwei wiederholten Zweitakt-Abschnitten. Im ersten spielen wir den Grundton und schlagen die restlichen Akkord-Töne in einer Bewegung

Jack White kam als Jack Gillis zur Welt; er wurde 1975 in Detroit, Michigan, geboren. Zuerst spielte er Schlagzeug; Gitarre begann er erst, als er mit dem Duo **The Upholsterers** auftrat. Er arbeitete damals in einer Polsterei, die seinem Duo-Partner, dem Drummer **Brian Muldoon** gehörte. 1996 heiratete Gillis **Meg White,** nahm ihren Namen an und gründete mit ihr ein Jahr später die **White Stripes.** Ihre baldige Scheidung konnte ihrer musikalischen Partnerschaft nichts anhaben, und eine Zeit lang konnten sie den Medien weismachen, sie seien Geschwister.

Die White Stripes (mit Meg am Schlagzeug) brachten ihr gleichnamiges Debütalbum 1999 heraus und widmeten es einem von Jacks Vorbildern, dem Sänger und Gitarristen des Mississippi-Delta-Blues, **Son House** (1902–1988). Whites Musik ist zwar im Detroiter Garage Rock verwurzelt, bedient sich aber einer Vielfalt von Einflüssen. Sein eklektischer Geschmack zeigt sich in seiner Arbeit als Produzent von Country-Star **Loretta Lynn** (*Van Lear Rose,* 2004) und der „Queen of Rockabilly", **Wanda Jackson** (*The Party Ain't Over,* 2011). Die White Stripes brachten ihm und Meg internationale Anerkennung; der erste große kommerzielle Erfolg kam mit ihrer dritten CD *White Blood Cells* (2001), die den Hit „Fell In Love With A Girl" enthält. Das vierte Album, *Elephant* (2003), gewann zwei Grammys und war ihr erfolgreichstes. Nach sechs Studioalben (das letzte war *Icky Thump,* 2007) trennten sich die White Stripes im Februar 2011. Schon in den Jahren davor hatte Jack White zwei weitere Bands gegründet, **The Raconteurs** und **The Dead Weather** (bei letzterer spielte er Schlagzeug). Vor Kurzem soll er gesagt haben, noch einer Band werde er nicht beitreten … Zurzeit arbeitet er an mehreren Musikprojekten.

Er spielt oft Gretsch-Gitarren, aber auch das Modell „J.B. Hutto" von Valco, das in den 1960er-Jahren für den Montgomery-Ward-Versandkatalog produziert wurde. Er verwendet häufig Fender- und Silvertone-Verstärker, und sein Tremolo-Effektpedal von DigiTech ist ein wichtiger Bestandteil seines Sounds.

nacheinander an; im zweiten Abschnitt spielen wir kräftigere Auf- und Abschläge.

Schlag die Saiten bei den Sechzehnteln *ab-auf-ab* an („1-se-un-te, 2-e-un-te"), bevor Du die letzten drei Takte von Zeile C in Angriff nimmst. Der Trick, damit das gut klingt, ist, das Sechzehntelgefühl zu erzeugen, auch wenn man die Saiten nicht tatsächlich bei jedem Sechzehntel anschlägt. Wenn Dir der Wechsel zwischen den Akkorden schwerfällt, öffnest Du Deinen Griff auf dem letzten Sechzehntel jedes Akkords und beginnst, Deine Hand zum nächsten Akkord zu bewegen. Die letzten drei Takte enthalten einen großen offenen E-Dur-Akkord und dann nur noch Barré-Akkorde bis zum Schluss. Beachte, wie die Barré-Akkorde im A-Dur-Griffmuster im vorletzten Takt (E, C und D) die höchsten Töne weglassen – das kommt recht häufig vor. Die Angabe *ritardando* (siehe Notation unten) bedeutet, dass man diesen Takt allmählich zum Schluss hin verlangsamt.

Links: *Auf dieser Nahaufnahme spielt Jack White gleich einen Abschlag.*

Rechts: *Das Pfeilsymbol, das erstmals in Abschnitt B vor jedem Akkord steht, bedeutet, dass man die Saiten mit dem Plektrum nach und nach anschlägt. (siehe Text).*

A

B

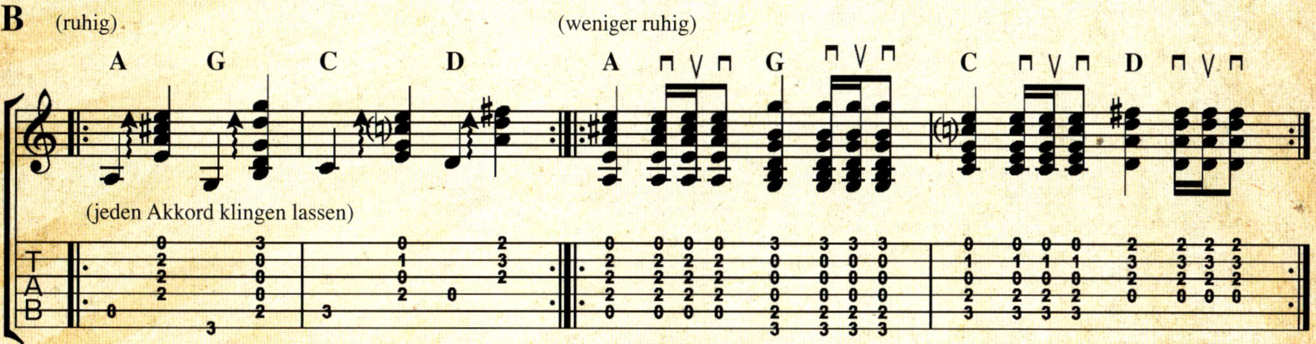

C

Drei Tonleitern

Tonleitern sind Reihen von Noten oder Tönen, aus denen wir Melodien und Akkorde zusammensetzen. Es gibt Tausende von Tonleitern – Rockgitarristen steigen am besten mit der **Moll-Pentatonik** ein, von der aus man ganz schnell in die fantastische Welt der Leadgitarre aufsteigt.

Pentatonische Tonleitern werden in der Popmusik nicht nur sehr häufig verwendet – sie sind auch sehr einfach zu spielen, weil sie nur fünf Töne enthalten (griechisch *pente* = fünf). Versuchen wir doch, Folgendes zu spielen: eine pentatonische a-Moll-Tonleiter, die im 5. Bund beginnt. Die Notation und das Griffbild unten zeigen Dir, wie es geht.

Dein 1. Finger drückt während der ganzen Tonleiter im 5. Bund die jeweiligen Saiten; der 3. Finger bleibt im 7. Bund und der 4. Finger im 8. Bund. Zuerst spielst Du mit dem 1. Finger im 5. Bund die 6. (tiefste) Saite. Dann spielst Du dieselbe Saite im 8. Bund mit dem 4. Finger. Wechsle zur 5. Saite, spiel sie im 5. Bund mit dem 1. Finger, dann im 7. Bund mit dem 3. Finger. Alles klar? Mach so weiter bis zur höchsten (1.) Saite – und spiel dann alles rückwärts!

Indem wir nur noch einen Ton hinzufügen (aufgrund seines düsteren, dissonanten Klangs wird sein Abstand zum Grundton Teufelsintervall genannt), erhalten wir eine **Blues-Tonleiter.** Beginn wie zuvor mit A, aber ergänze einen neuen, vierten Schritt: Setz den 2. Finger im 6. Bund auf die 5. Saite und anschließend weiter oben Deinen 4. Finger im 8. Bund auf die 3. Saite.

Oben: *Dan Auerbach von den Black Keys 2010 beim Festival „South by Southwest" (SXSW) in Austin, Texas.*

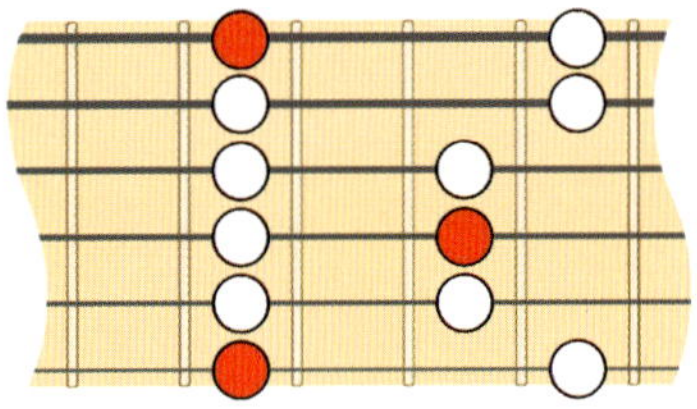

Die roten Punkte zeigen A an, den Grundton der Tonleiter.

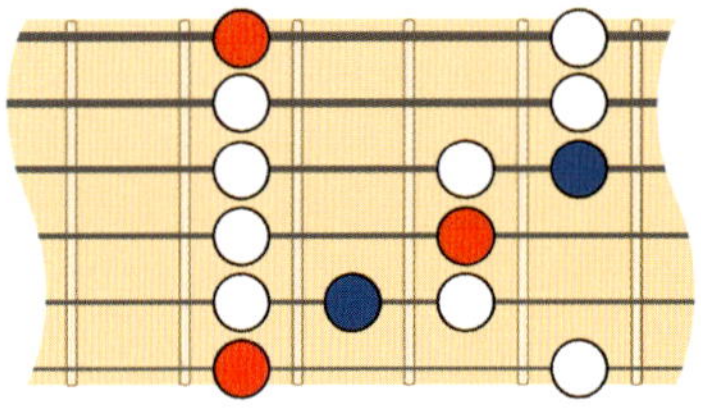

Die blauen Punkte zeigen die neuen Teufelsintervall-Töne an, auch „Blue Notes" genannt.

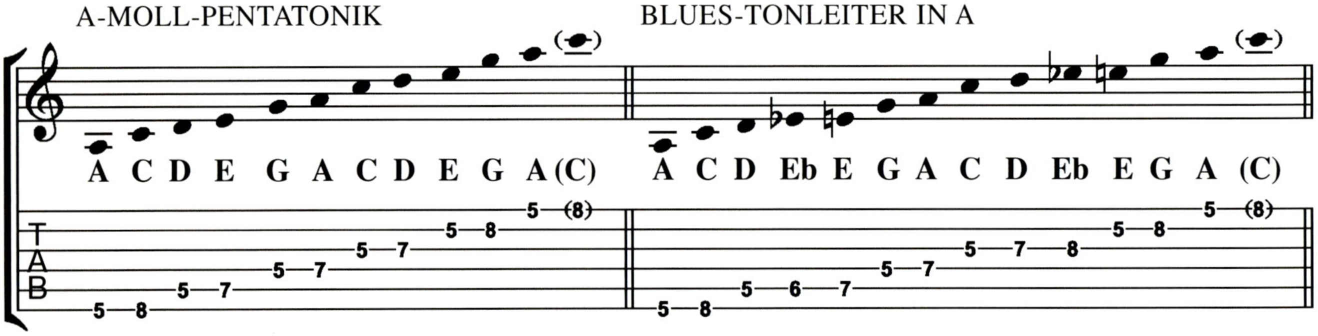

Sehen wir uns nun die **Dur-Tonleiter** an – das Fundament, auf dem unsere ganze Musiktheorie aufbaut. Hier eine Dur-Tonleiter, die auf A beginnt und endet. Beginn mit dem 2. Finger im 5. Bund auf der tiefsten Saite und folg dann der Tabulatur, der Notation und dem Griffbild. Setz wie zuvor einen Finger in jeden Bund.

Unten: *Tom Morello von Rage Against the Machine und Matthew Followill von Kings of Leon (ganz unten) sind Meister der Rock-Skalen.*

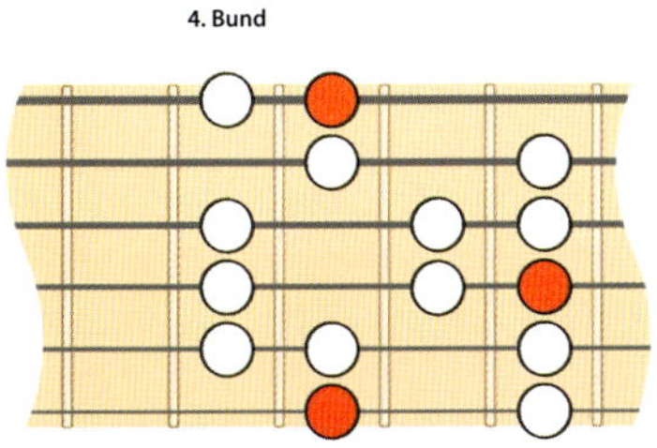

A-DUR-TONLEITER

TONLEITERN IN AKTION

In den unten aufgeführten Songs kannst Du diese Tonleitern im musikalischen Kontext eines Songs hören. Zu jedem Stück nennen wir den Gitarristen, die Band (in Klammern), den Songtitel und das dazugehörige Album mit Erscheinungsjahr.

MOLL-PENTATONIK

Ritchie Blackmore (Deep Purple): „Smoke on the Water" – *Machine Head* (1972)

David Gilmour (Pink Floyd): „Money" – *The Dark Side of the Moon* (1973)

Dan Auerbach (The Black Keys): „She's Long Gone" – *Brothers* (2010)

Duane Allman (Boz Scaggs): „Loan Me a Dime" – *Boz Scaggs* (1969)

MOLL-PENTATONIK/BLUES-TONLEITER

Tom Morello (Rage Against the Machine): „Bombtrack" – *Rage Against The Machine* (1993)

Robert Fripp (King Crimson): „21st Century Schizoid Man" – *In the Court of the Crimson King* (1969)

DUR-TONLEITER

Brian May (Queen): „A Kind of Magic" – *A Kind of Magic* (1986)

Matthew Followill (Kings of Leon): „The Bucket" – *Aha Shake Heartbreak* (2004)

John Petrucci

DAS TECHNIK-GENIE

„Es macht mich unglaublich stolz, die Sorte Band zu sein, die wir sind."

***Unten links und unten:** John Petrucci mit einer „Ernie Ball/ Music Man"-Gitarre; auf dem Bild unten ist das 2011 herausgekommene Modell „JPXI" zu sehen.*

Diese Übung im John-Petrucci-Stil ist ein hervorragendes Aufwärm- und Techniktraining für Deine Finger, die auch die Fingerkoordination fördert. Wir verwenden das sogenannte **Alternate-Picking** (engl. *to pick* = zupfen). Die Technik-Hand wechselt dabei zwischen **Abschlag** (in der Notation als ⊓ gezeigt) und Aufschlag (V). Beginn bei der ersten Note mit Abschlag – greif sie mit dem 1. Finger im 5. Bund auf der 6. Saite. Fahr dann fort, wie in der Notation angegeben. Am Anfang von Takt 3 springst Du mit dem 4. Finger von seiner vorigen Position im 8. Bund in den 9. Bund auf der 3. (G-)Saite hinauf, und von dort geht's dann wieder nach unten.

⊓ = Abschlag
V = Aufschlag

Links: *Petrucci auf der Bühne im Jahr 2008, neben seinem Kollegen Jordan Rudess am Synthesizer.*

John Petrucci gehört zu den herausragendsten Rockgitarristen der Gegenwart. 1967 im US-Bundesstaat New York geboren, ging er mit 18 auf das angesehene Berklee College of Music in Boston. Dort gründete er mit zwei anderen Studenten, Drummer **Mike Portnoy** und Bassist **John Myung,** die Band **Majesty.** Zu ihrem frühen Repertoire gehörten Songs von Iron Maiden und Rush. Sie hatten sich Majesty genannt, weil Portnoy Rushs Song „Bastille Day" als „majestätisch" bezeichnet hatte. Weil es aber bereits eine Band namens Majesty gab, nannten sie sich später **Dream Theater**. 1989 kam ihr Debütalbum *When Dream and Day Unite* heraus, und die drei Gründungsmitglieder gehörten noch weitere 21 Jahre und neun Alben lang zum Kern der Band. Ihr größter Hit war 1992 die CD *Images and Words* (ein Song von dieser CD, „Pull Me Under", ist in dem Videospiel *Guitar Hero: World Tour* zu hören). Im September 2010 verkündete Portnoy seinen Ausstieg; seitdem macht die Band ohne ihn weiter.

Zu John Petruccis zahlreichen weiteren Projekten zählen: die Mitwirkung bei den ersten zwei Alben von **Liquid Tension Experiment** (1998 und 1999), mit Portnoy und Keyboarder **Jordan Rudess** (der danach bei Dream Theater einstieg); ab 2001 mehrere Auftritte auf **Joe Satrianis G3**-Gitarrentournee (Satriani mit zwei weiteren Gitarristen) und das Soloalbum *Suspended Animation* (2005). Seine Gitarren werden von Ernie Ball/Music Man gebaut, und er verwendet Verstärker von Mesa Boogie.

Eine weitere Tonleiter, die John Petrucci oft spielt, ist die natürliche Moll-Tonleiter (auch äolische Moll-Tonleiter genannt). Probieren wir, sie zu spielen!

Du kannst hier wieder das „Ein-Finger-pro-Bund"-System verwenden … mit einer kleinen Ausnahme, wenn Du die 3. (G-)Saite erreichst. Beginn mit dem 1. Finger im 5. Bund auf der 6. Saite und setz dann den 3. Finger in den 7. Bund und den 4. Finger in den 8. Bund. Fahr dann auf der 5. und 4. Saite fort, wie in der Tabulatur gezeigt.

Wenn Du zur 3. Saite kommst, musst Du einen Bund zurück „springen", indem Du Deinen 1. Finger in den **4. Bund** setzt, den 2. Finger in den **5. Bund** und den 4. Finger in den 7. Bund. Danach kehrst Du zur ursprünglichen Position zurück, mit dem 1. Finger im 5. Bund auf der 2. Saite, dem 2. Finger im 6. Bund und so weiter.

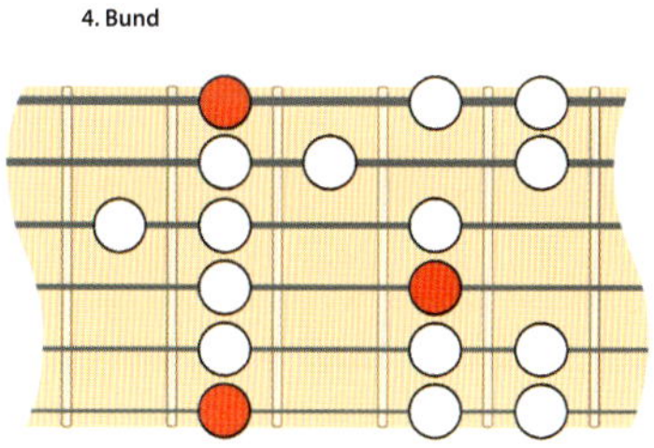

NATÜRLICHE MOLL-TONLEITER A (ÄOLISCHE TONLEITER)

Legato, Hammer-on und Pull-off

Legato

„Legato" kommt aus dem Italienischen und bedeutet „gebunden". In der Musik heißt das, dass die einzelnen Noten weich hintereinander gespielt werden sollen, ohne hörbare Lücke zwischen den einzelnen Tönen. Bei der Rockgitarre bezeichnet der Begriff nicht nur eine bestimmte Art der **Artikulation** (also wie die Töne klingen sollten), sondern umfasst auch zwei spezielle Techniken: **Hammer-on** und **Pull-off,** mit denen Töne zum Klingen gebracht werden, ohne dass sie gezupft werden. Die meisten Gitarrenvirtuosen sind Meister von Hammer-on und Pull-off. Nicht nur, dass diese Techniken einen coolen Sound produzieren … nein, sie versetzen Dich auch fast sofort in die Lage, schnelle Läufe zu spielen. Legen wir los!

Links: *Das Hammer-on von A zu C (dem 2. Ton der Moll-Pentatonik-Tonleiter unten) auf der 6. Saite.*

Hammer-on

Beim **Hammer-on** („h" in der Notation) schlägst Du einen Ton an und bringst einen weiteren Ton zum Klingen, indem Du – nur mit der linken Hand – einen Finger in einen weiteren Bund auf derselben Saite hämmerst. Probier es aus und spiel die Tonleiter der a-Moll-Pentatonik, die Du ja schon kennst, mit Hammer-ons!

Pull-off

Beim **Pull-off** („p" in der Notation) schlägst Du wieder einen Ton an und bringst einen weiteren Ton zum Klingen, indem Du – wieder nur mit der linken Hand – einen Finger schnell und kräftig von dieser Saite abziehst. Das braucht etwas Übung. Probier das auch mit der Tonleiter der a-Moll-Pentatonik (unten).

Rechts: *Pull-off auf der 1. Saite von C zu A bei der absteigenden Tonleiter.*

LEGATO IN AKTION

In den unten aufgeführten Songs kannst Du diese Legato-Techniken im musikalischen Kontext eines Songs hören.

The Jimi Hendrix Experience: „Machine Gun" – *Band of Gypsys* (1970)
Allan Holdsworth: „City Nights" – *Secrets* (1989)
Slash (Guns N' Roses): „Paradise City" – *Appetite for Destruction* (1987)
Mark Knopfler (Dire Straits): „Calling Elvis" – *On Every Street* (1991)

Oben: *Slash führt bei Guns N' Roses seine Legato-Techniken vor. Seine Gitarre ist eine Gibson Les Paul.*

Spiel nun die Tonleiter aufwärts – mit Hammer-ons – und dann wieder abwärts – mit Pull-offs. Hast Du bemerkt, dass Du mit der rechten Hand jetzt nur noch die Hälfte der Töne anschlägst? Ahnst Du, welches Tempo so auf einmal möglich wird? Diese beiden Techniken sind zwei Grundpfeiler des Rockgitarren-Spiels. Lass Dir also Zeit und üb sie, bis sie Dir in Fleisch und Blut übergegangen sind – *es lohnt sich!*

Wirf als Nächstes einen Blick auf die Licks unten, die Du zur Übung in einer Endlosschleife spielen kannst. Das erste verwendet Hammer-ons, das zweite einen Pull-off auf der 2. (H-)Saite, und das dritte kombiniert beide Techniken. Hier spielst Du also sogar drei Töne nacheinander – und nur *einer* davon wird mit der rechten Hand angeschlagen!

Übungs-Lick – mit Hammer-ons

Übungs-Lick – mit Pull-offs

Übungs-Lick – mit beiden Techniken

Denk Dir auch selbst Licks aus, in denen Hammer-ons und Pull-offs aus der a-Moll-Pentatonik-Tonleiter vorkommen.

Jimi Hendrix

LEGATO IM HENDRIX-STIL

„Ich werde einfach nur weiter das tun, was ich fühle."

***Gegenüber:** Hendrix war Linkshänder und spielte umgekehrt besaitete Rechtshändergitarren, die er verkehrt herum hielt.*

***Unten links:** Hendrix mit seiner Fender Stratocaster bei einem Konzert 1968.*

Befassen wir uns nun mit einem Pionier der E-Gitarrentechnik … Jimi Hendrix, dem Gitarrenzauberer, dessen ausgiebiger Gebrauch von Hammer-ons und Pull-offs ihm ermöglichte, *viel* schneller spielen zu können als die meisten seiner Kollegen.

Unsere Übung im Hendrix-Stil basiert wieder auf der schon bekannten Tonleiter der a-Moll-Pentatonik. Wir spielen sie wieder mit der „Ein-Finger-pro-Bund"-Technik: der 1. Finger spielt alle Töne im 5. Bund, der 3. Finger alle Töne im 7. Bund und der 4. Finger alle Töne im 8. Bund.

Bei dieser Übung ist wichtig, dass Du Deine Finger immer direkt über den Saiten hältst, auch wenn sie keine Saiten greifen, sodass sie jederzeit bereit sind. Wenn sie nämlich einfach irgendwohin zeigen, kannst Du auch nicht schnell spielen.

Die Takte 5 bis 7 der Übung enthalten zwei Töne, die immer wieder schnell nacheinander gespielt werden. Das ist ein **Triller,** der in der Notation mit diesem Symbol dargestellt wird: *tr*~~~~~~. Um ihn wie Hendrix zu spielen, schlägst Du nur den ersten Ton an – im 5. Bund auf der 3. (G-)Saite –, gefolgt von einem Hammer-on auf den 7. Bund, dann sofort einen Pull-off auf den 5. Bund, wieder einen Hammer-on auf den 7., und so weiter … mit ein bisschen Übung kannst Du auf diese Weise einen langen, schnellen Triller spielen. Cool, was?

Die letzte Zeile der Übung enthält noch etwas Neues: Du spielst einen Triller zwischen dem 5. und 8. Bund auf der 2. (H-)Saite und drückst währenddessen Deinen Tremolohebel. *Voilà* – ein klassischer Hendrix-Lick!

Hör Dir mal Jimis „Voodoo Chile" auf dem Album *Electric Ladyland* von The Jimi Hendrix Experience, 1968, an: Von Anfang an folgt hier ein Triller auf den nächsten!

Jimi Hendrix wurde 1942 in Seattle geboren. Er fing in der Highschool mit dem Gitarrespielen an. Als Linkshänder nahm er einfach eine normale Gitarre, die er verkehrt herum hielt, mit umgekehrt aufgezogenen Saiten. Nach einer kurzen Zeit bei der US-Armee (1961–1962) arbeitete er als Background-musiker für Sänger wie **Sam Cooke** und **Wilson Pickett** und gründete 1966 seine eigene Band, die **Blue Flames.** Bei einem Auftritt in New York fiel er dem Engländer **Chas Chandler** auf, Ex-Bassist der **Animals.** Chandler wurde sein Manager und brachte ihn nach London, wo er zusammen mit dem Bassisten **Noel Redding** und dem Drummer **Mitch Mitchell The Jimi Hendrix Experience** gründete. Ihr Debütalbum *Are You Experienced?* (1967) schlug in England und Amerika wie eine Bombe ein, und sein Auftritt beim Monterey Pop Festival war sowohl musikalisch als auch buchstäblich feurig: Zum Abschluss setzte er seine Gitarre in Flammen!

The Experience nahmen zwei weitere Alben auf: *Axis: Bold as Love* (1967) und das zunehmend abenteuerliche *Electric Ladyland* (1968) das auch „Voodoo Child (Slight Return)" enthielt, mit seinem unverwechselbaren Wah-Wah-Sound. Die Band trennte sich im Juni 1969, aber schon zwei Monate später stand Mitchell mit Hendrix in Woodstock auf der Bühne, wo dieser die legendäre Version von „The Star-Spangled Banner" spielte, mit reichlich Rückkopplungen und Tremolo.

Im März 1970 kam das Livealbum *Band of Gypsys* heraus, mit **Billy Cox** am Bass und **Buddy Miles** an den Drums. Schon vor der Veröffentlichung trennte sich auch diese Besetzung, und seine letzten Gigs spielte Hendrix mit Cox und Mitchell. Am 18. September 1970 starb er in London mit nur 27 Jahren infolge einer Überdosis Barbiturate.

Hendrix' Markenzeichen war eine Fender Stratocaster, und er verwendete meist Verstärker von Marshall.

Tremolohebel drücken und loslassen
Tremolohebel drücken und loslassen

Slide

Beim **Slide** spielt man einen Ton und gleitet dann, meist mit demselben Finger, auf dem Griffbrett auf derselben Saite zum nächsten Ton hinauf (engl. *to slide* = gleiten). Du kannst wie beim Hammer-on einen Ton anschlagen und zum nächsten gleiten, ohne ihn erneut anzuschlagen **(Legato-Slide),** oder Du spielst einen Ton und gleitest hinauf zum zweiten Ton, den Du auch anschlägst **(Shift-Slide).** Wir probieren das mit dem 1. Finger mal aus.

LEGATO-SLIDE
Gleite hinauf

SHIFT-SLIDE
Gleite hinauf und schlage auch die zweite Note an

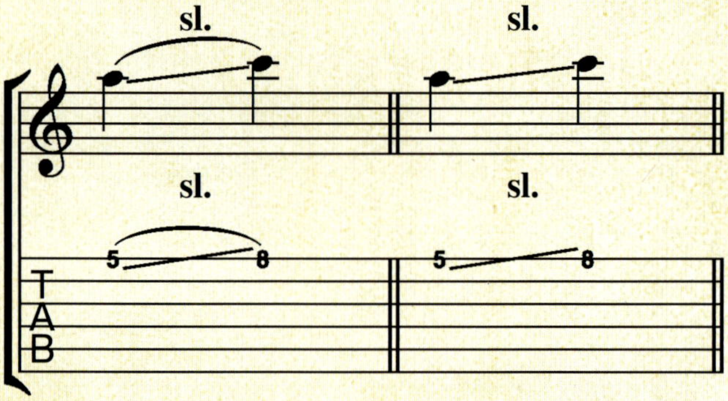

Spiel beide Slide-Formen erneut, und gleite diesmal abwärts, vom 8. zum 5. Bund, bevor Du dann zum klassischen langen Abwärts-Slide übergehst. Ein Beispiel dafür findest Du am Ende von **Eddie Van Halens** monumentalem Solo auf **Michael Jacksons** *Beat It* – ziemlich beeindruckend, oder? Nicht ohne Grund gilt dies als eines der besten Rockgitarren-Solos aller Zeiten. Wenn Du ein Verzerrer-Pedal oder einen Overdrive-Kanal am Verstärker hast, schalte ihn ein: Wir brauchen jetzt jede Menge „Drive". So, und jetzt gleiten wir auf der 6. Saite vom 17. Bund ganz nach unten.

LANGER ABWÄRTS-SLIDE

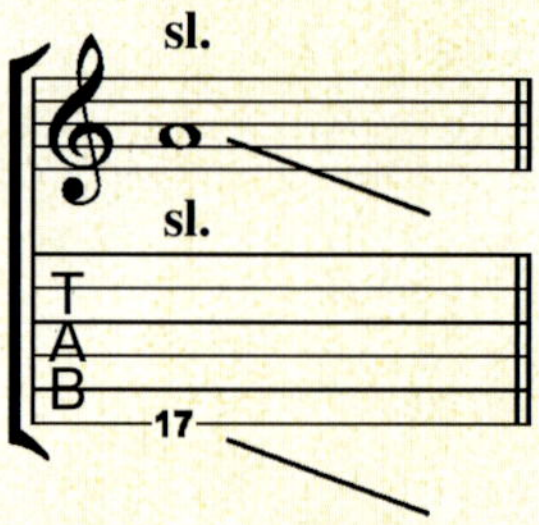

Unten: *Steve Vai spielt einen Slide auf seiner Ibanez-Gitarre. Seine rechte Hand liegt schon am Tremolohebel bereit.*

Probier ein wenig aus – spiel den Slide langsam und schnell! Im Moment gleitest Du den ganzen Gitarrenhals auf und ab. Natürlich kann man auch auf einem bestimmten Ton landen. Versuch, auf dem A im 5. Bund zu landen, Du gleitest also vom A im 17. Bund zum A im 5. Bund – alles auf der 6. Saite.

Spielen wir nun unsere vertraute Tonleiter der a-Moll-Pentatonik, diesmal mit Slide. So verlassen wir die bekannte Position und brechen auf in neues Territorium.

Rechts: *Nuno Bettencourt von der amerikanischen Rockband Extreme. Bei dieser Gitarre ist der Kopf umgekehrt angebracht.*

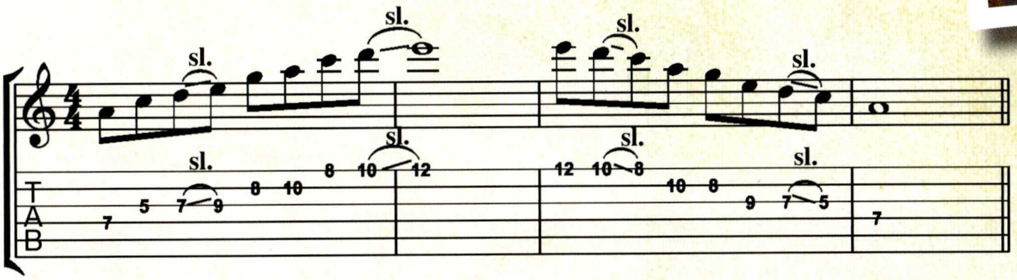

Dieses Beispiel kann allein mit 1. und 3. Finger gespielt werden: Du gleitest mit dem 3. Finger die Tonleiter hinauf und mit dem 1. Finger die Tonleiter hinunter.

Zum Schluss haben wir hier ein cooles Lick, das Legato-Slides und Pull-offs kombiniert. Spiel es als Schleife – zuerst langsam, dann immer schneller, während Du die Techniken und Bewegungen allmählich verinnerlichst.

Rechts: *John Frusciante (ehemals Red Hot Chili Peppers) mit einer beeindruckend abgenutzten Fender Stratocaster aus den frühen 1960er-Jahren.*

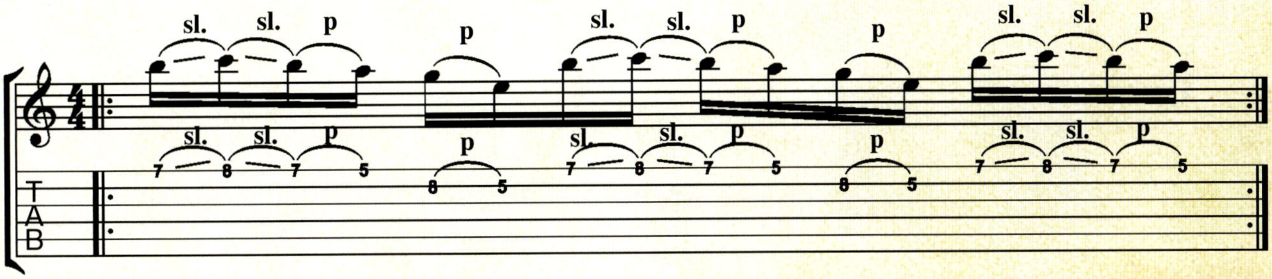

Hier sollten alle Slides mit dem 3. Finger gespielt werden, gefolgt von einem Pull-off zum 1. Finger. Achte einmal darauf, wie viele Töne Du spielst und wie wenige davon Du mit der rechten Hand anschlägst. Ich wette, Du erkennst allmählich, welches Spieltempo die Legatotechniken ermöglichen!

Da Du Hammer-ons und Pull-offs nun schon ganz gut kennst, markieren wir sie nicht mehr mit „h" und „p". Wo immer auf derselben Saite gespielte Noten durch einen Bogen [⌒], verbunden sind, spielst Du sie mit einem Hammer-on (aufwärts) oder mit einem Pull-off (abwärts).

SLIDES IN AKTION

In diesen Songs kannst Du eindrucksvolle Slides hören:

Joe Satriani: „Summer Song" – *The Extremist* (1992)
Steve Vai: „For the Love of God" – *Passion and Warfare* (1990)
John Frusciante (Red Hot Chili Peppers): „Blood Sugar Sex Magik" – *Blood Sugar Sex Magik* (1991)
Nuno Bettencourt (Extreme): „Pornograffitti" – *Extreme II: Pornograffitti* (1990)

Joe Satriani

EXTREMES LEGATO

„Wenn Du etwas hörst, das Du nicht magst, spiel es niemals wieder."

Gegenüber und unten:
Rockgitarren-Guru Joe Satriani – Lehrer, herausragender Musiker und Performer.

Erklimmen wir nun in unserem Spiel die nächste Stufe mit einer eindrucksvollen Phrase, die Hammer-ons, Pull-offs und Legato-Slides enthält! Sie ist im Stil von Joe Satriani, den man definitiv als einen der modernen Meister des Gitarren-Legatos bezeichnen kann. Die Übung basiert auf der a-Moll-Tonleiter, aber diesmal verlassen wir die uns schon bekannte Lage und spielen eine coole Abfolge von Slides, die sich langsam den Gitarrenhals hinunterarbeitet.

Beginn mit dem 3. Finger auf der 1. Saite im 17. Bund. Greif dann mit dem 1. Finger die 2. Saite im 15. Bund und gleite dann mit demselben Finger zum 13. Bund hinunter. Mit Ausnahme des 13. Bunds auf der höchsten Saite (wo Du die Note mit dem 2. Finger greifst) können die ersten beiden Takte nur mit dem 3. und 1. Finger gegriffen werden. Spiel die Slides immer mit dem 1. Finger. Probier es aus – zu Beginn ganz langsam und in ganz kleinen Schritten.

Ab dem 3. Takt geht es um den großen Legato-Lick auf der 2. Saite. Beginn im 3. Bund mit dem 1. Finger, spiel einen Hammer-on zum 5. Bund mit dem 3. Finger, einen Pull-off zum 1. Finger, gleite dann mit dem 1. Finger wieder hoch zum 5. Bund. Wieder werden alle Slides mit dem 1. Finger ausgeführt. Behalte auch die „Ein-Finger-pro-Bund"-Technik bei: Nimm den 1. und den 3. Finger, wenn zwei Bünde zwischen den Tönen liegen, und den 1. und 2. Finger, wenn nur ein Bund dazwischenliegt.

Du hast vielleicht schon bemerkt, dass der ganze 3. und 4. Takt mit einem einzigen Anschlag der rechten Hand auskommt! Das ist ein extremes Legato, das Du in dieser Art oft bei Joe Satriani hören kannst. Die Kombination von Legato mit viel Verzerrung funktioniert sehr gut – das klingt nicht nur satt, sondern macht die Phrase auch viel einfacher zu spielen!

Triolen

In dieser Übung kommen Achtelnoten-Dreiergruppen vor, die mit einer „3" markiert sind. Diese **Triolen** spielt man, indem man jede Achtelnote etwas verkürzt, sodass **drei** davon (und nicht wie sonst zwei) auf einen Schlag (eine Viertelnote) passen. Um ein Gefühl dafür zu bekommen, betonst Du beim Zählen die vier Viertel des Taktes und zählst auf jeden Schlag bis drei: „*eins*-zwei-drei, *zwei*-zwei-drei, *drei*-zwei-drei, *vier*-zwei-drei …"

Joe Satriani (geboren 1956) kommt aus Westbury, etwa 30 Kilometer östlich von New York City. Mit dem Gitarrespielen fing er im Alter von 14 Jahren an (besonders beeinflusst war er von **Jimi Hendrix**) und war schon nach zwei Jahren so gut, dass er anderen Gitarrenstunden geben konnte. Unter seinen ersten Schülern war **Steve Vai** (*siehe* Seiten 68–69, 78–79). Als junger Mann lernte Satriani kurze Zeit beim New Yorker Jazzgitarristen **Billy Bauer** (1915–2005) und dessen Pianisten **Lenny Tristano.**

1978 zog „Satch" nach Berkeley an der San Francisco Bay, wo er in einem Gitarrenstudio einigen späteren Stars Gitarrenunterricht gab, darunter **Kirk Hammett** von **Metallica.** Seine eigene Band, **The Squares,** kämpfte um Anerkennung, aber seine von ihm selbst als „bizarr" bezeichneten Instrumentalaufnahmen – 1984 unter dem Titel *Joe Satriani* als Schallplatte mit fünf Tracks veröffentlicht – brachte ihm das Wohlwollen der Kritiker und einen Vertrag mit der Plattenfirma Relativity Records ein. 1986 brachte er sein erstes Soloalbum in voller Länge, *Not of This Earth,* heraus.

Satrianis Durchbruch folgte mit dem Album *Surfing with the Alien* (1987), das Platin erhielt, und 1988 erhielt seine Karriere einen weiteren Schub, als er **Mick Jagger** als Tourgitarrist durch Asien und Australien begleitete. Seine nächsten Solo-LPs waren alle sehr erfolgreich; sein bisher größter kommerzieller Erfolg war *The Extremist* (1992).

Live hat er bereits mit **Deep Purple** gespielt (nachdem **Ritchie Blackmore** im November 1993 ausgestiegen war), und 1996 rief er die **G3-Konzerte** ins Leben, in denen er zunächst neben **Eric Johnson** und **Steve Vai** auftrat. In späteren Shows machten auch andere Top-Gitarristen mit. Kürzlich war er bei der Rock-Supergroup **Chickenfoot** mit dabei, mit **Sammy Hagar,** dem Bassisten **Michael Anthony** und dem Drummer der **Red Hot Chili Peppers, Chad Smith.** 2010 erschien sein 14. Studioalbum, *Black Swans and Wormhole Wizards.*

Bei Ibanez gibt es eine Reihe Joe-Satriani-Modelle. Außerdem spielt er Verstärker der Firma Peavey, mit der er einen Vertrag hat.

Tonleitern und Sequenzen

Tonleitern und Sequenzen zu üben klingt vielleicht langweilig – ist es aber nicht! Tonleitern und Sequenzen verschaffen Dir nicht nur Zutritt zum Himmel des Rock, sondern helfen Dir auch, Deine Musikalität, Dein Gehör, Deine allgemeine Technik und Fingerfertigkeit zu entwickeln … *und* geben Dir viel Material an die Hand, wenn es ans Improvisieren und Spielen von Solos geht.

Was ist also eine Tonleiter, was eine Sequenz? Nehmen wir unsere A-Dur-Tonleiter mit sieben verschiedenen Tönen (der erste und der achte sind beide A). Anstatt sie in der Reihenfolge 1-2-3-4-5-6-7-(8) zu spielen, lässt sich auch eine Sequenz daraus machen, indem man immer wieder einen Ton überspringt und das Muster 1-3, 2-4, 3-5, 4-6 und so weiter spielt. Man könnte dazu auch sagen, dass man die Tonleiter in **Terzen** spielt.

Beachte, welchen Vorteil Dir das „Ein-Finger-pro-Bund"-System bei dieser neuen Technik verschafft.

Als Zweites haben wir hier Sequenzen in der a-Moll-Pentatonik, bei der Du in Gruppen von jeweils **vier** Tönen nach oben gehst: 1-2-3-4, 2-3-4-5, 3-4-5-1, 4-5-1-2. Nimm Dir Zeit und lern diese Tonfolgen langsam; schlag jeden einzelnen Ton an. Spiel sie anschließend mit Hammer-ons und Pull-offs, wie es in der Tabulatur steht. Verwende einen Fingersatz, der Dir liegt, und behalte ihn bei. Beim Wechsel der Saite innerhalb des 5. Bundes würde ich mit dem 1. Finger einen Barré-Griff einsetzen – ihn also gleichzeitig über beide Saiten legen, wie auf dem Foto. Für den Saitenwechsel im 7. Bund benutzt Du am besten erst den 4., dann den 3. Finger – oder den 3., dann den 2. Finger. Kehr diese Fingersätze bei der absteigenden Sequenz um.

Die A-Dur-Tonleiter enthält F#, C# und G#. Diese drei Kreuze werden hier zu Beginn jeder Notenlinie angezeigt, als **Generalvorzeichen** – was bedeutet, dass F, C und G *immer* um einen Halbton erhöht werden. Das ist praktischer, als jedes Mal ein Vorzeichen zu setzen, wenn eine der Noten vorkommt, und ist bei Tonarten mit Vorzeichen übliche Praxis.

A-DUR-TONLEITER, TERZ-SEQUENZEN

SEQUENZEN IN A-MOLL-PENTATONIK

Beachte den hinzugefügten vorletzten Ton, der unterhalb des Grundtons A liegt – zu ihm kannst Du am Schluss hinaufgleiten.

Spielen wir zum Schluss eine weitere populäre Rockgitarren-Sequenz mit Hammer-ons und Pull-offs. Hier kommt der Triolen-Rhythmus vor, den Du auf Seite 44 gelernt hast, und wir spielen ihn abwärts in a-Moll-Pentatonik.

Denk daran, jede dieser Sequenzen in *allen* Tonleitern zu üben, die wir bisher besprochen haben! Füg anschließend noch eine Oktave bei der ersten Übung hinzu und arbeite Dich so die ganze Dur-Tonleiter hinauf. Üb das Ganze auch mit Hammer-ons und Pull-offs. Der Zutritt zum Himmelreich des Rock steht Dir nun offen.

Viel Spaß!

ABSTEIGENDE SEQUENZ IN A-MOLL-PENTATONIK

Links: *Setze bei der a-Moll-Pentatonik (gegenüberliegende Seite, unten) im 5. Bund einen Barré-Griff ein.*

Oben: *Brian May von Queen mit seiner selbstgebauten „Red-Special"-Gitarre.*

SEQUENZEN IN AKTION

An Sequenzen herrscht kein Mangel, in keiner Musikrichtung – hier findest Du gute Beispiele!

Slash (Guns N' Roses): „Sweet Child O' Mine" – *Appetite for Destruction* (1987)

Paul Gilbert: „Fuzz Universe" – *Fuzz Universe* (2010)

Dimebag Darrell (Pantera): „Cowboys from Hell" – *Cowboys from Hell* (1990)

Brian May (Queen): „I Want It All" – *The Miracle* (1989)

SEQUENZEN

„Es geht nicht so sehr darum, wie gut Du spielst, sondern wie cool Du bist."

Gegenüber: *Slashs typisches Bühnenoutfit inspiriert viele Nachahmer – es gibt sogar schon Slash-Kostüme zu Halloween zu kaufen!*

Keiner spielt in meinen Augen so überzeugende Sequenzen auf der Gitarre wie Slash. Er spielt Sequenzen nicht nur, um lange, schnelle, präzise und sich wiederholende Läufe zu erzeugen, sondern sie haben einen musikalischen Sinn im Kontext des Songs.

Man hört in Slashs Solos oft Sequenzen, wenn die Musik auf einen Siedepunkt zuläuft, aber die meiste Zeit verwendet er nur Schnipsel anstelle einer langen, zusammenhängenden Abfolge. Das macht sein Spiel interessant und abwechslungsreich.

Unsere Sequenz im Slash-Stil steht in der Tonart e-Moll; wir verschieben also unser bekanntes Tonleitermuster von a-Moll nach e-Moll.

Beginn im 12. Bund auf der 3. (G-)Saite mit dem 1. Finger und merk Dir zwei Dinge: Behalte für die ersten zwei Takte das „Ein-Finger-pro-Bund"-System bei und verwende **Alternate-Picking,** wenn eine Note in dieser Sequenz wiederholt wird, denn wenn Du Dich allein auf Ab- oder Aufschläge beschränkst, wirst Du kein sehr hohes Tempo erreichen. Takt 2 ist ein schnelles Lick mit vier Noten, das die Pull-offs des 1. Takts fortführt. Im 3. Takt haben wir die schon bekannte aufsteigende Sequenz in Vierergruppen, mit Pull-offs und Slides, nur diesmal in der e-Moll-Tonleiter. Den ersten Slide (14.–15. Bund) würde ich mit dem 3. Finger spielen und mit demselben Finger das Pull-off (15.–12. Bund) dranhängen. Für die nächsten zwei Slides verlassen wir die Lage: Nimm für den Slide vom 15.–17. Bund den 3. oder 4. Finger und den 4. Finger für den Slide vom 17.–19. Bund. Auf dem letzten Schlag in Takt 3 benutzt Du den 1. Finger im 15. und 14. Bund (die Lage verändern), dann den 4. Finger, um den 17. Bund auf der 2. (H-)Saite zu erreichen. Gleite schließlich mit dem 2. Finger vom 15. in den 17. Bund. Denk dran, das Ganze *langsam* zu üben!

Links: *Die „Appetite" Les Paul von Gibson ist der Gitarre nachempfunden, die Slash 1987 auf dem Guns N' Roses-Album* Appetite for Destruction *spielte.*

E-Moll enthält immer ein F#. Das Generalvorzeichen sagt Dir also, dass Du anstelle des F immer ein F# spielen sollst.

Saul Hudson – besser bekannt als **Slash** – wurde 1965 in London geboren, zog aber mit elf Jahren in die USA (die Heimat seiner Mutter; sein Vater ist Brite). Das Hobby seiner Kindheit, BMX-Rennen, machte der Musik Platz, als er sich als Teenager eine Gitarre kaufte. Slash, ein Fan von **Led Zeppelin** und den **Rolling Stones,** war wie besessen vom Gitarrenspiel, verließ die Highschool und gründete 1983 in Los Angeles die kurzlebige Band **Road Crew,** zusammen mit **Duff McKagan** am Bass und **Steven Adler** an den Drums. Slash und Adler schlossen sich dann der Band **Hollywood Rose** an, die im darauffolgenden Jahr auseinanderging. Guns-N'-Roses-Sänger **Axl Rose** hatte vorher bei den **L. A. Guns** gespielt. 1985 kamen schließlich Mitglieder dieser Band mit dem Rest von Hollywood Rose zusammen und nannten sich – logischerweise! – **Guns N' Roses.**

Nach weiteren Veränderungen entstand die „klassische" Besetzung von Guns N' Roses: Rose, Slash, Adler und Gitarrist **Izzy Stradlin** von Hollywood Rose plus Ex-Road-Crew-Bassist McKagan. Sie nahmen die Alben *Appetite for Destruction* (1987) – das meistverkaufte Debütalbum aller Zeiten – und *G N' R Lies* (1988) auf. Adlers Drogenabhängigkeit führte 1990 zu seinem Rausschmiss. Auch Slash hatte schwere Drogenprobleme, machte aber einen Entzug und blieb bis 1996 bei G N' R, obwohl er sich im Jahr davor mit Rose zerstritten und mit **Slash's Snakepit** das hochgelobte Album *It's Five O'Clock Somewhere* aufgenommen hatte.

Nach dem Ende von G N' R absolvierte Slash hauptsächlich Sessions und Gastauftritte unter anderem bei **Michael Jackson** (auf dessen Album *Dangerous* von 1991 er bereits zu hören ist), **Alice Cooper** und anderen großen Namen. Er stellte Slash's Snakepit wieder zusammen, um 2000 *Ain't Life Grand* aufzunehmen und als Vorgruppe von **AC/DC** auf Welttournee zu gehen. Großen Erfolg hatte er auch mit seiner jüngsten Band, **Velver Revolver** (bei der sein langjähriger Mitstreiter McKagan Bass spielt), und seinem Soloalbum *Slash* (2010).

Slash spielt eine Gibson Les Paul und ist ein Anhänger von Marshall-Verstärkern.

Bending

Unser nächstes Thema ist das Bending. Mehr als jede andere Technik wird diese Deine Gitarre zum Singen bringen und ihr fast stimmähnliche Qualitäten verleihen. Daher sehen wir uns auch an, wie man **Vibrato** hinzufügt.

Um eine Saite zu „biegen" (engl. *to bend* = krümmen, biegen) schiebst Du sie quer über das Griffbrett, wodurch die Saite gedehnt wird und sich der Ton erhöht. In der Regel werden die Saiten nach oben gedehnt, man kann sie aber auch nach unten ziehen – vor allem die tieferen Saiten, die man ja sonst vom Griffbrett schieben würde! Beim Bending gebrauchst Du Muskeln, die Du vielleicht noch nie benutzt hast, und zu Beginn mag es Dir schwerfallen, den Ton auch nur etwas zu verändern. Aber sei geduldig, üb regelmäßig, und bald klingt Dein Bending wie bei den Profis!

KLASSISCHE SONGS MIT BENDING

In den folgenden Songs hörst Du das Bending von Gitarristen, die die Technik meisterhaft beherrschen.

David Gilmour (Pink Floyd): „Another Brick in the Wall, Part II" – *The Wall* (1979)

Jack White (The White Stripes): „Hello Operator" – *De Stijl* (2000)

Gary Moore: „Still Got the Blues (For You)" – *Still Got the Blues* (1990)

Joe Perry (Aerosmith): „Love in an Elevator" – *Pump* (1989)

Jeff Beck: „Cause We've Ended As Lovers" – *Blow by Blow* (1975)

A

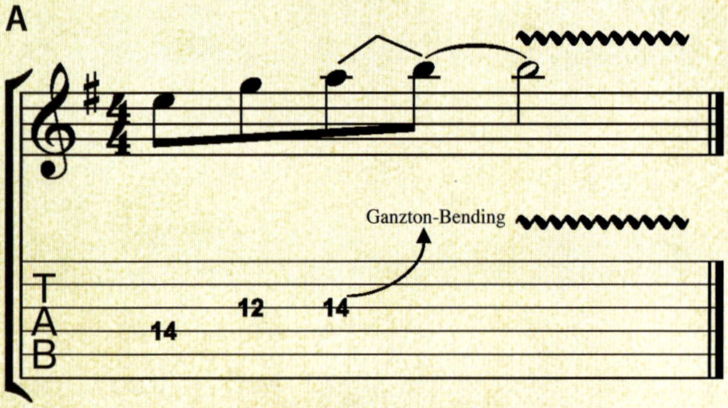

Die eckige Linie in der Notation zeigt ein **Bending** an; die kurvige Linie mit dem Pfeil erfüllt in der Tabulatur denselben Zweck. Das Ganzton-Bending zeigt an, dass Du die Saite einen **Ganzton** nach oben dehnen sollst (siehe rechts). Die Wellenlinie über der letzten Note steht für **Vibrato.**

Beginnen wir mit einem einfachen Bending, bei dem wir ein A zum H erhören.

Unser A liegt auf der 3. Saite und wird am besten mit dem 3. Finger gespielt – wie bei den meisten Bendings. Halte unbedingt hinter dem 3. Finger im 14. Bund Deinen 1. Finger (etwa über dem 12. Bund) und Deinen 2. Finger (etwa über dem 13. Bund) bereit, um den 3. Finger beim Bending zu entlasten. Mit dem 1. Finger stellst Du auch sicher, dass die 3. Saite beim Bending nicht unter die anderen Saiten gerät. Du machst ein Ganzton-Bending, was bedeutet, dass Du den Ton um einen Ganzton (zwei Halbtöne) erhöhst. Prüfe, ob Du den richtigen Ton erreichst, indem Du die 3. Saite im 16. Bund anspielst und dann das Ganzton-Bending im 14. Bund ausführst: Es sollte in beiden Fällen derselbe Ton erklingen. Am Ende der Phrase halten wir den Bend. Wenn Du das einigermaßen beherrschst, versuche, etwas **Vibrato** zu spielen, indem Du den Finger auf der Saite leicht auf und ab bewegst, dabei aber immer auf dem Zielton bleibst.

Unten: *Das Bending auf der 3. Saite am Schluss von Beispiel A.*

B

Nun nimmt Dir Übung B vor.

Wieder nehmen wir den 3. Finger, unterstützt von Zeige- und Mittelfinger – und diesmal lassen wir die Saite nach dem Bending gleich wieder ihre normale Spannung annehmen. Du schlägst nur den ersten Ton an; danach wird erst die vierte Achtelnote wieder angeschlagen (3. Saite, 12. Bund). Der nächste Takt beginnt mit einem **Vorschlag-**Bending. Die Vorschlagsnote ist im Notensystem kleiner gedruckt und wird auf der 3. Saite im 14. Bund gespielt. Es ist eine kleine „Verzierung" – zieh die Saite gleich nach dem Anschlag nach oben. Leg Deinen 1. Finger für die nächsten beiden Töne als Barré in den 12. Bund, und ende mit einem Pull-off auf der H-Saite.

Das Beispiel C unten enthält einen **Pre-Bend,** bei dem Du die Saite dehnst, *bevor* Du sie anschlägst. Zieh, wie in den Beispielen zuvor, die 3. Saite im 14. Bund, aber lass sie erst klingen, wenn Du sie bis ganz nach oben zum H gezogen hast, das Du normalerweise im 16. Bund erhalten würdest. *Dann* schlag die Saite an – und lass sie gleich wieder ihre normale Lage annehmen. Der nächste Abschnitt enthält einen regulären Bend, einen Pull-off und zum Schluss ein weiteres Vorhalt-Bending: Spiel dies möglichst mit dem 4. Finger, unterstützt von den drei anderen. Verpass der letzten Note ein ausgiebiges Vibrato, beweg also Deinen Finger noch kräftiger auf und ab als zuvor!

Links: *Dieses Foto zeigt, wie Du den Bend der Vorschlagsnote am Ende von Beispiel C greifst.*

Oben: *Joe Perry von Aerosmith beim Bending auf einer klassischen alten Gibson Les Paul mit Ahorndecke.*

C

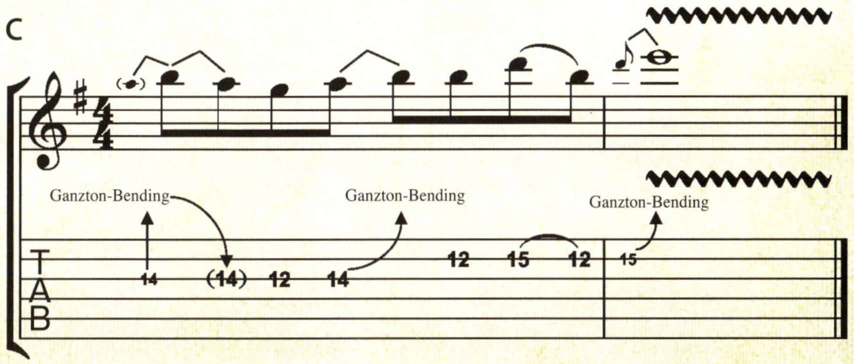

David Gilmour

BENDING

„Ich habe die Aspekte meiner Technik weiterentwickelt, die mir nützen."

***Unten:** David Gilmour – einer der größten Namen im Progressive Rock.*

David Gilmour wurde 1944 im englischen Cambridge geboren. Als Teenager begann er, Gitarre zu spielen.1962 stieß er zu der lokalen Band **Jokers Wild.** Drei Jahre später spielte die Band kleinere Gigs gemeinsam mit **The Pink Floyd Sound,** deren Gitarrist und Sänger **Syd Barrett** (1946–2006) zusammen mit Gilmour am Cambridgeshire College of Arts and Technology studierte. **Pink Floyd** – wie sie sich später nannten – etablierte sich bald als Großbritanniens Top-Band für psychedelischen Rock, aber ihr Erfolg wirkte sich nachteilig auf Barretts Psyche aus. Anfang 1968 kam Gilmour, der nach der Auflösung von Jokers Wild auf Europas Straßen musizierte, zu Pink Floyd, um Barrett zu ersetzen. Schon auf dem zweiten Floyd-Album, *A Saucerful of Secrets* (1968), ist er mit dabei.

Gilmours unverwechselbarer elektrischer und akustischer Gitarrensound prägte die Musik, und einige seiner besten Gitarrenparts sind auf *Meddle* (1971) und *Dark Side of the Moon* (1973) zu hören – aktuell Nummer 3 der weltweit meistverkauften Platten aller Zeiten. 1978, ein Jahr vor Pink Floyds epischem *The Wall,* brachte er das Soloalbum *David Gilmour* heraus

Aufgrund musikalischer und persönlicher Spannungen in der Band realisierte Gilmour in den folgenden Jahren viele Nebenprojekte, darunter ein weiteres Solo-Album (*About Face,* 1984) und als Koproduzent das Debüt-Album von **The Dream Academy,** 1985. Nachdem Bassist **Roger Waters** 1986 bei Pink Floyd ausgestiegen war, übernahm Gilmour dort die künstlerische Leitung. Für einen Auftritt beim Live-8-Konzert im Londoner Hyde Park waren Pink Floyd am 2. Juli 2005 kurz wieder vereint.

David Gilmours neueste Alben sind *On An Island* (2006) und *Live in Gdańsk* (2008). 2004 trat er mit anderen Mitgliedern von **The Strat Pack** in einer Show im Wembley-Stadion zum 50-jährigen Jubiläum der Fender Stratocaster auf. Er ist langjähriger Fender-Spieler und benutzt Verstärker des britischen Herstellers Hiwatt.

Jeder, der Girarrensoli mit viel Gefühl spielen möchte, sollte sich David Gilmour von Pink Floyd anhören. Er ist ein unübertroffener Meister der Bending-Technik und setzt sie in vielen Soli effektvoll ein – zum Beispiel auch im Pink-Floyd-Klassiker „Another Brick in the Wall, Part II".

Für das Bending-Beispiel im Stil von David Gilmour (siehe gegenüber) bleiben wir in der Tonart e-Moll. Beginn mit einem einfachen Bending, spiel die nächsten zwei Töne, indem Du mit dem 1. Finger die beiden höchsten Saiten im 12. Bund als Barré greifst. Die folgenden drei Phrasen aus jeweils drei Noten bilden eine Art **Sequenz.** Die erste und dritte Phrase enthalten einen Pull-off, die zweite die schon bekannte Kombination aus Pre-Bend und Loslassen. In Takt 3 haben wir einen lang gehaltenen Vorschlag-Bend mit Vibrato, und in Takt 4 Gilmours Markenzeichen, das **Mehrfach-Bending.** Verwende für diese Bends entweder den 3. oder den 4. Finger. Beim Mehrfach-Bending dehnst Du die Saite vom 15. Bund einen Ganzton

aufwärts (zum selben Ton, den Du im 17. Bund erhalten würdest). Während Du den Bend hältst, dehnst Du ihn um einen *weiteren* Ganzton nach oben – insgesamt also volle zwei Töne über den ursprünglichen Ton, (was dem Ton im 19. Bund entspricht). Lass allmählich los, bis zum Ausgangspunkt; schlag zum Schluss einfach denselben Ton an und füg Vibrato hinzu. In den Takten 7, 8 und 9 verlassen wir die ursprüngliche Lage: Nimm für den Bend im 17. Bund den 3. Finger, mit dem 1. Finger im 15. Bund. Der Bend in Takt 9 kann allein mit dem 1. Finger ausgeführt werden, ohne die Unterstützung weiterer Finger. Kehr danach in die ursprüngliche Lage zurück und schließ die letzte Phrase mit einem weiteren Vibrato-Bending ab. Diese Techniken erfordern Kraft, und es kann dauern, bis man sie perfekt beherrscht.

Arpeggios

Unser nächstes Thema ist das **Arpeggio** – das italienische Wort bedeutet, dass alle Töne eines Akkords nacheinander gespielt werden. Um einen Dur- oder Moll-Akkord zu konstruieren, nimmst Du ja den 1., 3. und 5. Ton einer Tonleiter (Grundton, Terz und Quinte). Spielt man alle Töne gleichzeitig, erklingt ein **Akkord.** Und spielt man sie nacheinander, erklingt ein **Arpeggio.** Einfach!

Schauen wir uns ein C-Dur-Arpeggio an.

Wie Du siehst, spielen wir den ersten Ton der Tonleiter (C), den dritten (E) und den fünften (G) – unten das C auf der tiefen E-Saite im 8. Bund, oben das C auf der hohen E-Saite im 8. Bund, zwei Oktaven darüber.

Rockgitarristen spielen Arpeggios oft mit sogenanntem **Sweep-Picking.** Dabei führt man einen Auf- oder Abschlag ohne Richtungsänderung über mehrere Saiten; man „fegt" sozusagen über die Saiten (engl. *to sweep* = fegen). Hör Dir Frank Gambale an – er ist sicher einer der weltbesten Sweep-Picker.

Der Fingersatz ist wichtig bei Arpeggios, besonders beim Sweep-Picking, denn man gewinnt nichts, wenn die rechte Hand schnell zupft, die linke aber nicht mithält! Benutz für das erste Beispiel oben die Finger 2, 1, 3, 4, 2, 1 und 1. Alternativ kannst Du (mit dem 3. oder dem 4. Finger) auf der A- (5.) und der D- (4.) Saite ein Barré greifen. Spiel das Arpeggio auch rückwärts, mit umgekehrtem Fingersatz.

Spielen wir nun ein Arpeggio, bei dem das Sweep-Picking noch einfacher ist.

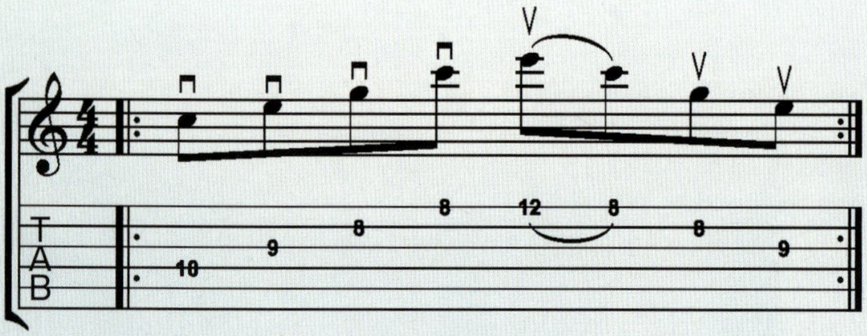

Hier würde ich die Finger 3, 2, 1, 1 und 4 nehmen – und dasselbe wieder zurück. Beachte, wie das Pull-off auf der hohen E-Saite Dir ermöglicht, das Ganze mit *einem* Abwärts-Sweep und *einem* Aufwärts-Sweep zu spielen. Üb langsam und wiederhol es immer wieder, bis Du es gleichmäßig spielst und jeder Ton klar klingt.

Das letzte Beispiel enthält zwei verschiedene c-Moll-Arpeggios (siehe unten). Wieder benutzen wir die Kombination Sweep- und Pull-off. Beispiele dafür findest Du im Werk von Kirk Hammett von Metallica.

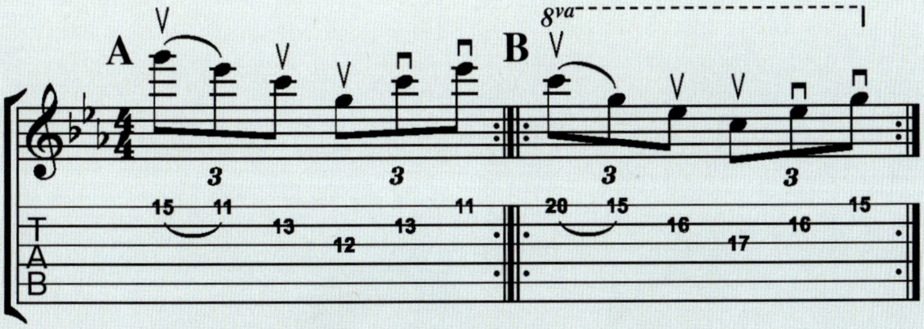

Das Arpeggio A spielen wir abwärts mit den Fingern 4, 1, 3, 2 – und wieder hinauf mit denselben Fingern. Für B würde ich 4, 1, 2, 3 benutzen – und wieder dieselben Finger, um zurückzukehren. Lass Dir dabei Zeit – es kann dauern, bis das Sweep-Picking gut klingt. Üb *sehr* langsam; achte darauf, es jedes Mal richtig zu spielen und jeden Ton schön und genau klingen zu lassen.

ARPEGGIOS IN AKTION

Yngwie Malmsteen: „Demon Driver" – *Eclipse* (1990)
Synyster Gates (Avenged Sevenfold): „Afterlife" – *Avenged Sevenfold* (2007)
Frank Gambale: „Leave Ozone Alone" – *Thunder from Down Under* (1990)
Kirk Hammett (Metallica): „Leper Messiah" – *Master of Puppets* (1986)

***Links:** Synyster Gates von Avenged Sevenfold (abgekürzt A7X) spielt eine Gitarre von Schecter.*

***Oben rechts:** Kirk Hammett spielt ein feuriges Arpeggio.*

C-MOLL & „8va"

Unser letztes Musikbeispiel auf diesen Seiten steht in c-Moll (siehe unten), das Vorzeichen hat, die Du vielleicht noch nie gesehen hast: Aus H, E und A werden B, E♭ und A♭. In c-Moll wird das ♭ von A♭ und B recht häufig durch ein **Auflösungszeichen** (♮) aufgehoben, das allerdings nur für einen Takt gilt. Dann werden A und H gespielt.

Hier lernen wir ein weiteres Symbol kennen: **8va**, das zusammen mit einer gepunkteten Linie über den sechs Arpeggio-Noten unseres letzten Beispiels steht. Es weist Dich an, die Noten unter der Linie eine **Oktave** (acht Töne) höher zu spielen, als sie notiert sind. Damit erspart man sich, die hohen Noten mit vielen Hilfslinien sehr weit oberhalb der Notenlinien schreiben zu müssen. Die Tabulatur ist davon nicht betroffen – sie zeigt Dir wie immer die korrekten Saiten und Bünde, um diese hohen Noten zu greifen.

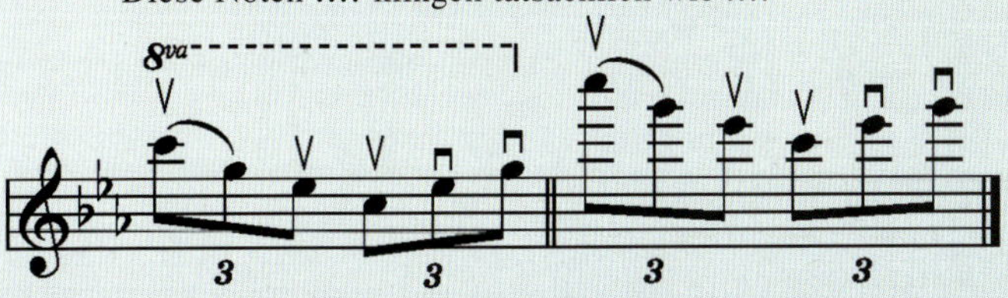

Yngwie Malmsteen

ARPEGGIOS

Gegenüber und unten:
Yngwie Malmsteen – auf seinem Album Relentless *findet sich der Track „Arpeggios from Hell"!*

Sehen wir uns jemanden an, der in seiner Musik jede Menge Arpeggios anwendet: der neoklassische Rockgitarren-Virtuose Yngwie Malmsteen. Yngwies erste Inspirationen waren Komponisten wie Bach und Paganini, und das zeigt sich besonders in seinen Arpeggio-Läufen.

Unser Beispiel, von Yngwies Spiel inspiriert, steht in c-Moll. Im Stil von Yngwie baut es auf der sogenannten **harmonischen** c-Moll-Tonleiter auf und enthält einige sehr „klassisch" anmutende **verminderte** Arpeggios aus einer Abfolge von **kleinen Terzen** – Intervallen aus drei Halbtonschritten. Ob Du mit Abschlag oder Aufschlag beginnst, ist Dir überlassen – beide sind in der Notation angegeben. Ein guter Fingersatz für das c-Moll-Arpeggio im 1. Takt wäre 4, 1, 1, 1 (aus Gründen der Klarheit steht der Name des Akkords, aus dem das Arpeggio gebildet ist, jeweils über der Notenzeile); für das B-Arpeggio bietet sich der Fingersatz 4, 1, 2, 1 an. Es gibt viele schnelle Lagenwechsel; üb also jedes Arpeggio sehr langsam, und erst wenn Du es richtig beherrschst, machst Du mit dem nächsten weiter.

Im nächsten Takt würde ich das c-Moll-Arpeggio mit den Fingern 4, 1, 3, 2 spielen, und für die folgenden beiden verminderten Arpeggios entweder 4, 1, 3 oder 3, 1, 2 verwenden. Nimm in Takt 3 die Finger 4, 1, 2, 3 für das c-Moll-Arpeggio und 4, 1, 1, 2 für das G-Dur-Arpeggio. Das letzte c-Moll-Arpeggio kann mit *einem* Aufschlag gespielt werden, die letzte Note mit einem einzelnen Abschlag. Als Fingersatz eignet sich 4, 1, 2, 3, 3, 4, 1. Alternativ kannst Du 4, 1, 2, 3, 2, 3, 1 – oder eine Kombination aus beidem spielen. Viel Spaß damit!

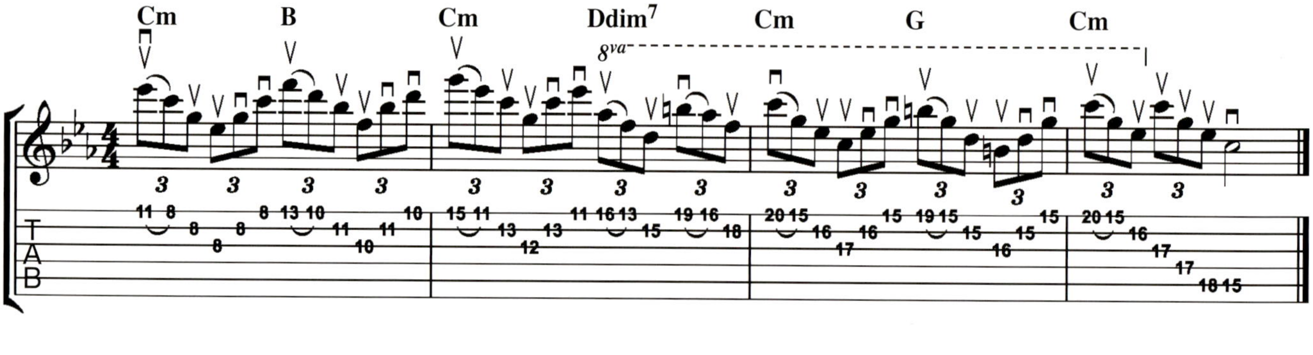

Der Superhochgeschwindigkeits-Stil namens **Shredding** verdankt seine Beliebtheit vor allem dem Schweden **Yngwie Malmsteen,** der das Genre mehr als zwei Jahrzehnte lang mit seinen Innovationen beeinflusste. Seine Inspiration kam nicht nur aus der Rockmusik, sondern auch von klassischen Virtuosen wie dem Geiger **Niccolò Paganini** (1782–1840). Yngwie wurde 1963 in Stockholm geboren. Seine Leidenschaft für die E-Gitarre, so sagt er, wurde geweckt, als er mit sieben Jahren einen Bericht über **Jimi Hendrix** nach dessen Tod im Fernsehen sah. Wie Hendrix und **Ritchie Blackmore** von **Deep Purple,** der ihn in seinen frühen Jahren ebenfalls stark beeinflusste, hat er schon immer am liebsten eine Fender Stratocaster mit Marshall-Verstärkern gespielt – auch schon, als er 1982 in die USA kam, um sich dort einen Namen zu machen.

Sein erstes anspruchsvolles Projekt in Amerika war 1983 sein Beitrag zum Album **Steeler** der Band gleichen Namens als Ersatz für den eigentlichen Leadgitarristen **Michael Dunigan.** Danach wurde er Mitglied bei **Alcatrazz,** bevor er selbst die Band **Rising Force** gründete (zuerst nannte er sein Soloalbum von 1984 so und später die Band). Rising Force feierte live ebenso große Erfolge wie mit ihren Platten. 1989 gab die Band ein Konzert in der Sowjetunion (zwei Jahre vor deren Zusammenbruch), das als Live-Mitschnitt auf der CD *Live in Leningrad: Trial By Fire* erschien.

Neben Rising Force war Yngwie Malmsteens ungewöhnlichstes Projekt die Komposition und Aufführung seiner *Concerto Suite for Electric Guitar and Orchestra,* die er erstmals 1998 mit den Tschechischen Philharmonikern einspielte und die später in einer Live-Version mit dem New Japan Philharmonic Orchestra (2001) auf CD herauskam. Seine Arbeit ist sowohl in Asien als auch in Europa hoch angesehen, und obwohl sein Erfolg in den USA zeitweise sehr wechselhaft war, begeistert sich das amerikanische Publikum in jüngster Zeit wieder für seinen einzigartigen Stil: Seine Alben *Perpetual Flame* (2009) und *Relentless* (2010) wurden sehr gut aufgenommen.

String Skipping

Das nächste Thema ist das **String Skipping** – auf Deutsch „Saiten überspringen". Genau das machen wir hier! Diese Technik ist sehr effektiv beim Spielen größerer Intervalle, und wenn man sie etwa mit Hammer-ons, Pull-offs oder Slides kombiniert, kann man damit unglaublich coole Licks raushauen!

Probieren wir es mal in der c-Moll-Pentatonik.

Beginn auf der 6. Saite im 8. Bund und spiel die ersten beiden Töne der Tonleiter. Überspring die 5. Saite und spiel dann die nächsten zwei Töne der Tonleiter auf der 4. Saite. Geh anschließend zur 5. Saite über und dann zur 3. Saite. Erkennst Du das Muster? Es handelt sich hier um eine Art Sequenz, da wir das Muster die ganze Zeit beibehalten. Schlag zuerst jeden Ton an. Danach benutzt Du, wie in der Notation angegeben, Hammer-ons. Verwende beide Male Alternate-Picking und üb sehr langsam, denn Deine rechte Hand muss sich daran gewöhnen, zwischen den Saiten hin- und herzuspringen. Mach Dir nichts draus, wenn Du mal die falschen Saiten anschlägst oder die Saite mit der Spielhand nicht sofort findest – es dauert eine Weile, bis man die nötige Präzision entwickelt! Denk immer daran: Je langsamer Du übst, desto schneller lernst Du es!

STRING SKIPPING IN AKTION

Paul Gilbert: „Olympic" – *Fuzz Universe* (2010)
Eric Johnson: „Cliffs of Dover" – *Ah Via Musicom* (1990)
John Scofield: „Whip The Mule" – *Hand Jive* (1994)
Chris Broderick (Megadeth): „44 Minutes" – *Endgame* (2009)

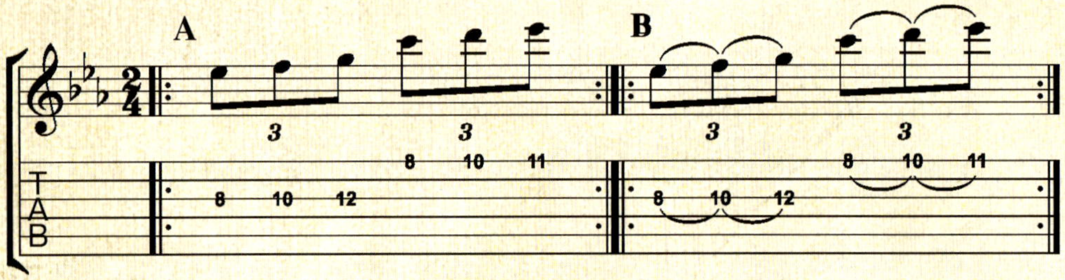

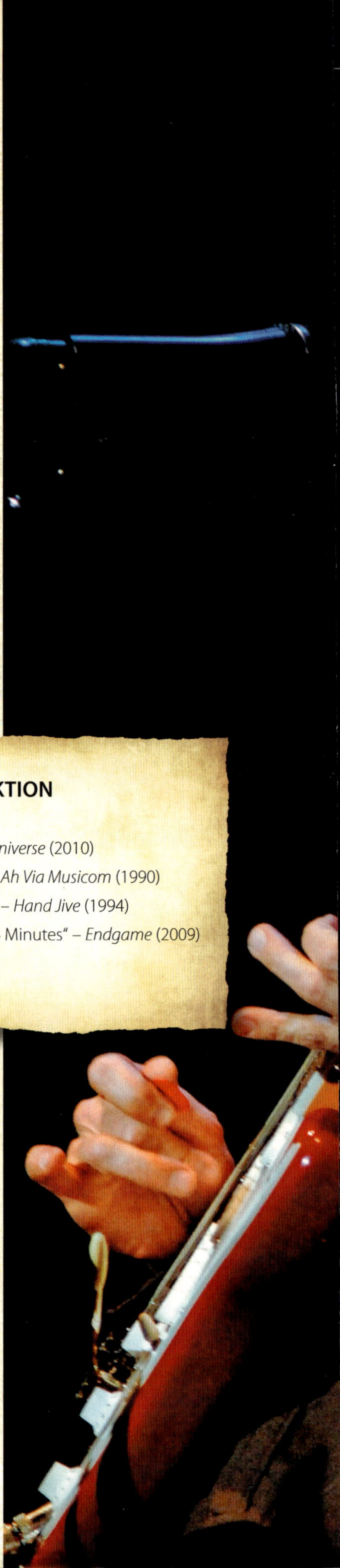

Rechts: *Eric Johnson bei einem Gig während des String Skippings.*

Gegenüber: *Ein weiterer Könner dieser Technik: Chris Broderick von Megadeth.*

Beim String Skipping spielt man häufig ein Muster von drei Tönen pro Saite. Unten auf Seite 58 findest Du ein Beispiel in c-Moll, das Du in einer Endlosschleife üben kannst, in der Du nach und nach Dein Tempo steigerst. Verwende wieder Alternate-Picking, sowohl für Version **A,** wo jede Note angeschlagen wird, als auch für Version **B,** wo Hammer-ons verwendet werden. Ich schlage vor, auf der 3. Saite den 1., 2. und 4. Finger zu verwenden und auf der 1. Saite den 1., 2. und 3. Finger.

Das abschließende Beispiel (unten), ein C-Dur-Arpeggio, bereitet uns auf den nächsten Abschnitt vor, in dem wir die Technik eines Meisters des String Skipping näher unter die Lupe nehmen.

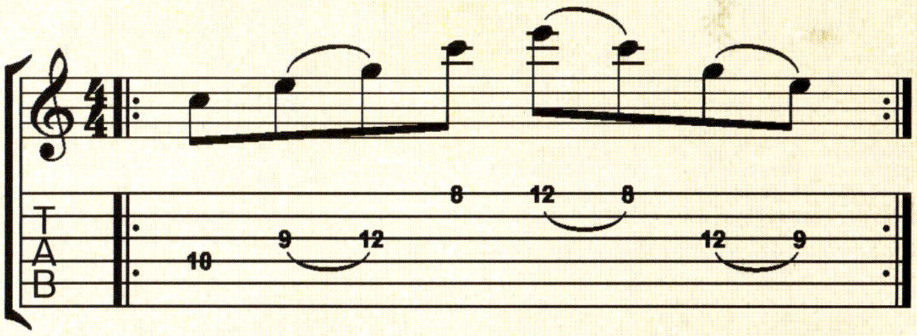

Im Grunde ist dies eine andere, clevere Art, Arpeggios zu spielen. Fügt man noch Hammer-ons und Pull-offs hinzu, erhält man einen ganz anderen Sound und eine vollkommen andere Phrasierung als mit Alternate- oder Sweep-Picking. Nimm auf der 4. Saite den 2. Finger und auf der 3. und 1. Saite den 1. und 4. Finger. Lass Dir Zeit damit, es ist nicht einfach – aber wenn Du Dich an die schnellen Bewegungen und Legato-Kombinationen gewöhnt hast, öffnet Dir diese Technik die Tür zu ganz neuen Möglichkeiten!

Paul Gilbert

STRING SKIPPING

„Um Gitarre spielen zu lernen, musst Du sehr viel Zeit allein mit dem Instrument verbringen."

***Gegenüber und unten:** Paul Gilberts Kopfhörer schützen auf der Bühne sein Gehör und liefern ihm einen exakten Monitor-Sound.*

Nur wenige Musiker verwenden die String-Skipping-Technik so häufig und so effektiv wie der Rockvirtuose Paul Gilbert. Er hat eine großartige Methode entwickelt, um mit String Skipping und Legato die tollsten Arpeggios zu spielen. Auf den letzten zwei Seiten haben wir uns diese Technik bereits kurz angesehen. Nun wollen wir mehr in die Tiefe gehen – mit Moll- und Dur-Arpeggios und schnelleren Lagenwechseln auf dem Griffbrett. Bei dieser Übung behalten wir das C als Grundton bei.

Der erste Takt enthält ein c-Moll-Arpeggio, das auf der 1. Saite im 11. Bund beginnt. Es folgt ein Pull-off zum 8. Bund. Danach spielst Du den 12. Bund auf der 3. Saite, machst einen Pull-off zum 8. Bund – und fährst im 10. Bund auf der 4. Saite fort. Anschließend geht's wieder aufwärts, natürlich mit Hammer-ons statt mit Pull-offs. Dasselbe setzt sich in den nächsten drei Takten fort, obwohl es sich um **Dur-Arpeggios** handelt (G, B, F) und andere Saiten (in Takten 2 und 4). Der 5. Takt enthält ein C-Dur-Arpeggio, mit einem etwas komplizierteren Muster. Wir enden in Takt 6 auf dem Grundton und lassen ihn mit einem schönen Vibrato ausklingen. Puh!

Ich schlage folgende Fingersätze für die Arpeggios vor:

Cm = 3, 1, 4, 1, 2 (1, 4, 1) / G = 4, 1, 4, 1, 2 (1, 4, 1)
B = 4, 1, 4, 1, 2 (1, 4, 1) / F = 4, 1, 4, 1, 2 (1, 4, 1)

Für den Arpeggio-Lick in C-Dur im 5. Takt lautet der Fingersatz 4, 1, 2, 1, 4, 1, 4, 1; Du endest in Takt 6 mit dem 2. Finger im 10. Bund.

Üb auch dieses Beispiel zunächst *extrem* langsam – immer nur ein Arpeggio auf einmal, bevor Du dann zwischen zwei, drei und mehr Arpeggios wechselst. Das Ganze in kleine Einheiten zu zerlegen, ist der beste Weg, schwierige Dinge schnell zu lernen!

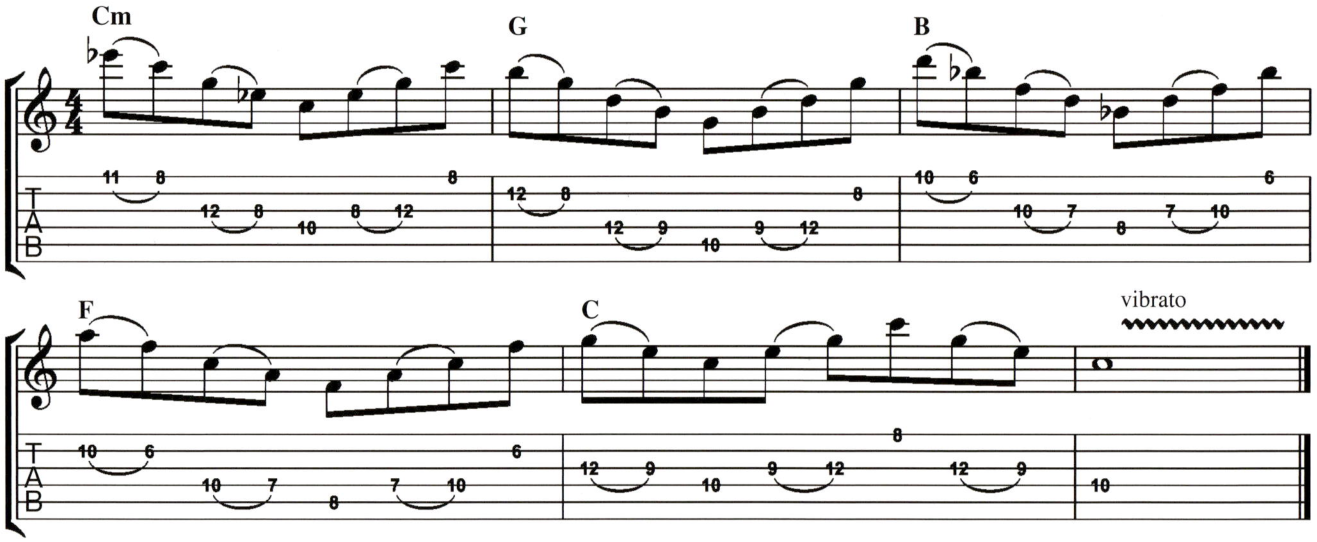

Auf vielen Hitlisten der schnellsten Rockgitarristen der Welt ist der Amerikaner **Paul Gilbert** in den Top 5 zu finden – oft nahe bei dem, der ihn am meisten beeinflusst hat: **Yngwie Malmsteen** (siehe Seite 56–57). Der 1966 in Illinois, USA, geborene Gilbert ist rund drei Jahre jünger als der schwedische Maestro. Schon als Teenager hatte er sich eine unglaublich wirkungsvolle Technik angeeignet, dennoch schaffte er es nicht, seinen Traum wahr zu machen und in **Ozzy Osbournes** Band zu spielen … Nachdem Gilbert am renommierten **Guitar Institute of Technology** in Los Angeles studiert hatte, kam 1985 der große Durchbruch. Während er dort noch selbst lehrte, wurde er Gründungsmitglied bei einer der heißesten jungen Bands aus L. A., **Racer X.** In seinen ersten drei Jahren mit der Band nahmen sie zwei Studioalben auf – *Street Lethal* (1986) und *Second Heat* (1987) – plus zwei Live-CDs, beide *Extreme Volume* betitelt. Die erste davon kam 1988 heraus, in dem Jahr, in dem Gilbert die Band verließ; die zweite erst vier Jahre später.

Gilberts nächste Band, **Mr. Big,** wurde extrem erfolgreich, vor allem mit der Hitsingle *To Be With You* vom 1991er Album *Lean Into It*. Bei Mr. Big blieb er bis 1997, bevor er 1998 mit *King of Clubs* und einer großen Vielzahl weiterer Projekte seine Solokarriere startete – zum Beispiel mit **Hammer of the Gods** (einer Band, die Led Zeppelin Tribute zollte), und einem Gastauftritt auf der G3-Tour 2007. Er ist auch bei den Reunions von Racer X und Mr. Big dabei, die beide in den letzten Jahren viele neue Songs aufgenommen haben und intensiv auf Tour waren.

Der japanische Gitarrenhersteller Ibanez produziert seit 1989 PGMs (Paul Gilbert Models), einige davon mit täuschend echt aussehenden, aufgemalten F-Löchern. Paul verwendet zurzeit am liebsten Marshall-Verstärker.

Tapping

Sehen wir uns nun eine der ungewöhnlichsten aller E-Gitarren-Techniken an: das **Tapping.** Vor allem Eddie Van Halen (siehe Seiten 64–65) ist es zu verdanken, dass Tapping heute kein Nischendasein mehr fristet. Seitdem hat es sich immens weiterentwickelt. Such mal auf Youtube nach Videos, die Dir zeigen, in welch vielfältiger Weise Tapping eingesetzt wird: vom beidhändigen Tapping, bei dem buchstäblich jeder Finger an beiden Händen zum Einsatz kommt, bis zu Trillern in Lichtgeschwindigkeit, bei denen man mit dem **Plektrum** statt mit dem Finger auf das Griffbrett klopft.

Tapping bedeutet, dass man die Saite mit der *Spielhand* gegen das Griffbrett drückt (engl. *to tap* = klopfen), meist mit dem Mittel- oder Zeigefinger. Sehr oft werden gleichzeitig noch Pull-offs und Hammer-ons ausgeführt, sodass rechte und linke Hand zusammenarbeiten und man sehr schnelle Legato-Phrasen relativ einfach spielen kann. Klingt nach einer Menge Spaß? Darauf kannst Du wetten! Probieren wir's aus.

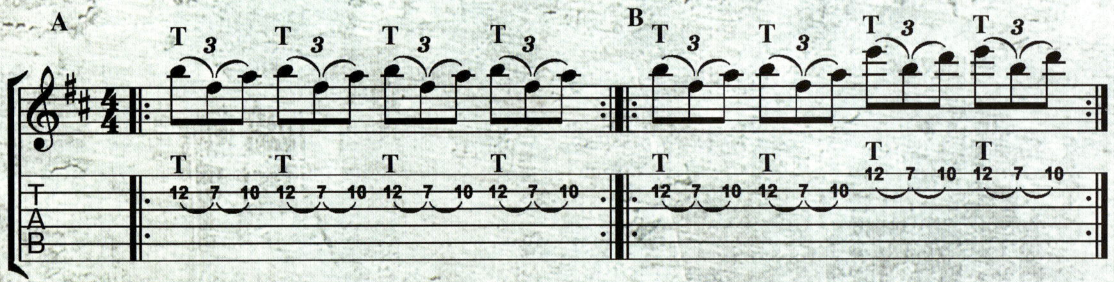

Oben: *Das erste Tapping aus dem Beispiel gegenüber erzeugt ein H auf der 2. Saite.*

Am Anfang unseres ersten Beispiels, das auf einer pentatonischen h-Moll-Tonleiter basiert, „hämmerst" Du im 12. Bund auf die 2. Saite – dort, wo „T" für „Tapping" in der Notation steht –, entweder mit dem Zeige- oder dem Mittelfinger der Spielhand. Darauf folgt ein Pull-off mit dem Tapping-Finger zum 7. Bund. Übe diese Bewegung *sehr oft*, bevor Du weitermachst! Dann folgt ein Hammer-on vom 7. zum 10. Bund. Ich würde für den 7. Bund den 1. Finger, im 10. Bund den 4. Finger nehmen. Wiederhol diesen Drei-Ton-Lick. Üb ihn sehr langsam und spiel die Triolen gleichmäßig, sodass jeder Ton genauso lang und laut wie der vorhergehende klingt. Üb dann Abschnitt B. Hier spielst Du dasselbe Muster auch auf der E-Saite und wechselst zwischen den beiden Saiten. Wiederhol Übungen A und B mehrmals – und rechne mit einer schmerzenden Fingerspitze an der Tapping-Hand!

Zähl 4 - und - 1 - und - 2 - und - (etc.)

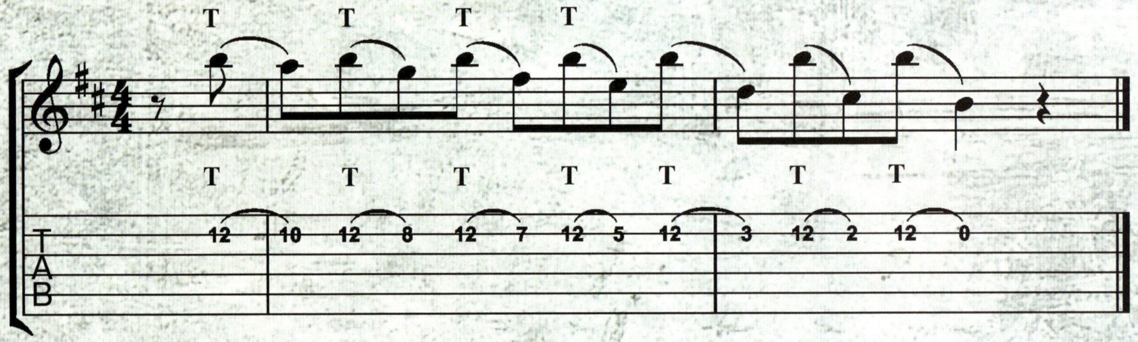

In der Übung auf Seite 62 unten bleibt der tappende Finger im selben Bund (dem 12.), während sich die linke Hand den Gitarrenhals hinunter bewegt. Die Phrase beginnt mit einem Achtel-Auftakt (zähl 4-*und*) vor dem ersten vollen Takt. Nimm für die Töne der linken Hand zuerst den 4., anschließend den 2. und für die übrigen Töne den 1. Finger.

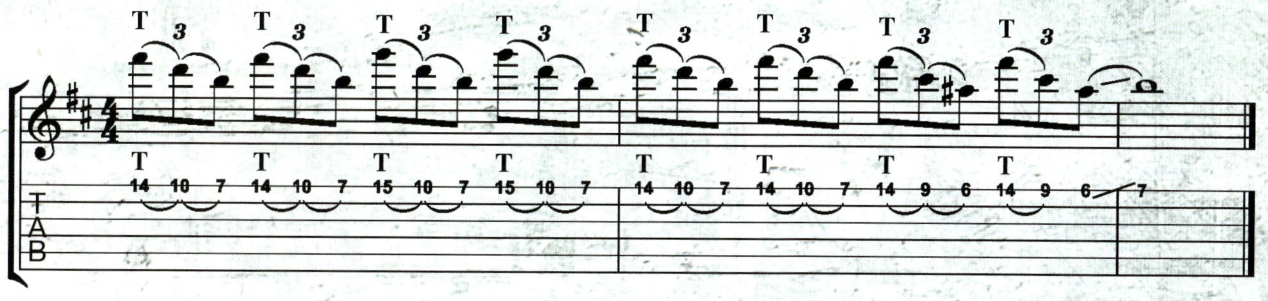

Bei dem dritten Beispiel probieren wir eine andere Drei-Ton-Kombination aus. Auf ein Tapping im 14. Bund auf der obersten Saite folgt ein Pull-off zu Deinem 4. Finger im 10. Bund. Darauf folgt schnell ein weiterer Pull-off, vom 10. Bund zum 1. Finger im 7. Bund. Für das nächste Griffmuster bewegst Du einfach Deinen tappenden Finger zum 15. Bund und spielst dieselben Pull-offs mit der linken Hand wie zuvor. Dann tappst Du wieder den 14. Bund, und zum Schluss bewegst Du das Griffschema der linken Hand einen Bund zurück (während Du weiterhin im 14. Bund tappst) und gleitest mit dem 1. Finger vom 6. zum 7. Bund. Fröhliches Üben!

TAPPING IN AKTION

Eddie Van Halen (Van Halen): „Eruption" – *Van Halen* (1978)

Andy McKee: „Drifting" – *Art of Motion* (2005)

Buckethead: „The Ballad of Buckethead" – *Monsters and Robots* (1999)

Guthrie Govan: „Fives" – Live-Version auf Lee Ritenours *6 String Theory* (2010)

Rechts: *Buckethead – alias Brian Carroll – spielt in seinen Soli oft virtuoses Tapping.*

Eddie Van Halen

TAPPING

Gegenüber und unten: *Eddie Van Halen – mit seinem Song „Eruption" hat er die Messlatte beim Tapping hochgeschraubt.*

Es ist Zeit für eine Herausforderung – wir nehmen uns eine Übung im Stil von Tapping-Pionier Eddie Van Halen vor. Viele sehen in Eddie den wahren Meister des Tapping – er hat auf jeden Fall mit seinem Instrumental-Track „Eruption" (1978) viele sprachlos gemacht – atemberaubendes, virtuoses Tapping, wie man es bis dahin noch nie gehört hatte!

Die gute Nachricht vorneweg: Unser Beispiel enthält ausschließlich die schon bekannte Kombination „Tap + Pull-off + Hammer-on". Die größte Herausforderung ist, dass sowohl die linke Hand als auch der Tapping-Finger ständig die Lage wechseln! Also, stell die „höchste Konzentrationsstufe" ein und fang an! Das erste Muster geht über zwei Takte und beginnt auf der 2. Saite im 12. Bund, gespielt mit dem Tapping-Finger und dem 1. und 4. Finger der linken Hand. Im Prinzip tappst Du im 12. Bund weiter, während die linke Hand die Lage wechselt – sie geht immer einen Bund tiefer und behält dabei die Kombination von 1. und 4. Finger bei. (Dieser Fingersatz bleibt im ganzen Stück gleich). In Takt 3 und 4 gilt dasselbe, nur wird das Ganze diesmal zwei Bünde tiefer gespielt – Du tappst also im 10. Bund und spielst (in Takt 3) einen Pull-off zum 5. und einen Hammer-on zum 8. Bund. So weit, so gut! Als Nächstes folgen mehrere Arpeggios, die interessante Harmonien beisteuern: Beachte, dass die linke Hand und der Tapping-Finger zwar ständig ihre Position ändern, aber *nie beide zur gleichen Zeit!* Wann immer also Deine linke Hand zu einer neuen Position wechselt, bleibt Dein tappender Finger im selben Bund – und immer, wenn Dein tappender Finger sich zu einem neuen Bund bewegt, bleibt Deine linke Hand in derselben Lage. Probier, ob Du zum Abschluss im letzten Takt einen schönen langen Ton mit Deinem Tapping-Finger produzieren kannst. Gut gemacht!

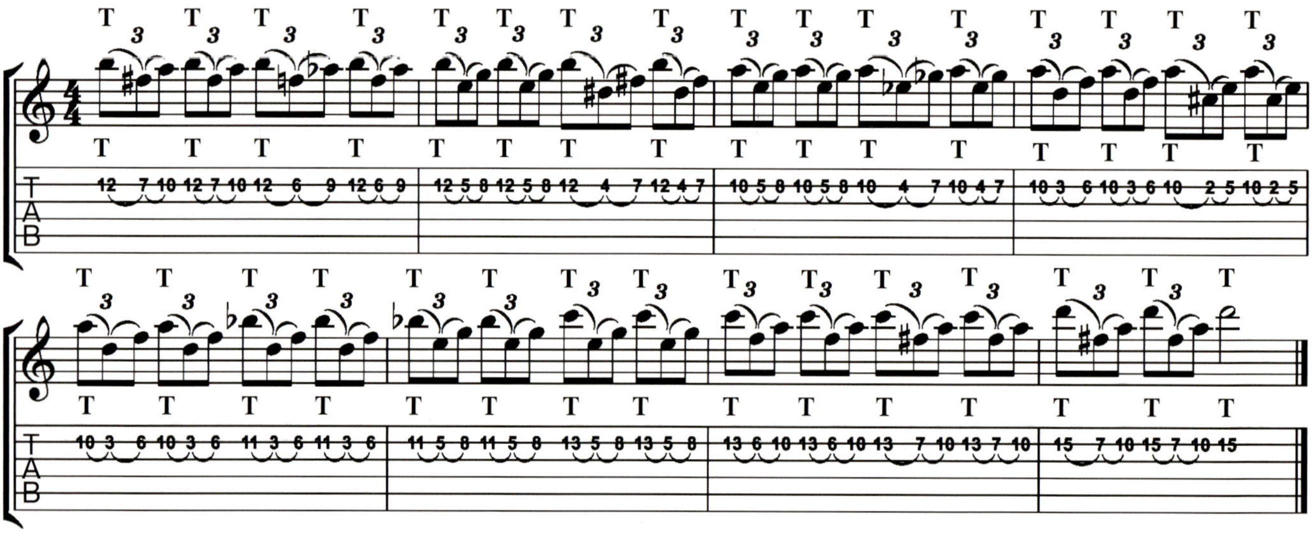

Eddie Van Halen wurde 1955 in Amsterdam geboren, zog aber als Kind mit seiner Familie in die USA. Die Van Halens ließen sich in Pasadena, Kalifornien, nieder, wo Eddie und sein Bruder **Alex** (geboren 1953) sich mit musikalischen Fähigkeiten hervortaten. Ihr Vater, **Jan** (1920–86), war Bandleader, Saxofonist und Klarinettist. Die Geschwister gründeten 1972 eine Band namens **Mammoth,** die sie aber bald in **Van Halen** umbenannten, mit Eddie an der Gitarre und Alex am Schlagzeug (die Instrumente waren auch mal anders herum verteilt). Ihr Debütalbum *Van Halen* von 1978 bescherte Eddie internationale Aufmerksamkeit wegen seines agilen, kraftvollen Gitarrenspiels – dessen technische Geheimnisse er manchmal vor den Zuschauern verbergen wollte, indem er ihnen den Rücken zuwandte!

Van Halen – dominiert von Eddie und Leadsänger **David Lee Roth** – veröffentlichten in den nächsten sechs Jahren fünf Hit-Alben. In dieser Zeit steuerte Eddie auch sein hochgelobtes Gitarrensolo zu **Michael Jacksons** „Beat It" bei (*Thriller,* 1982). Roth verließ Van Halen nach dem Album *1984;* sein Nachfolger, **Sammy Hagar,** blieb bis 1996 in der Band. Nach einer kurzlebigen, stürmischen Reunion mit Roth im Jahr 1996 wurde **Gary Cherone** als Sänger verpflichtet, während Hagar 2004 für einige Konzerte in den USA und Kanada wieder zur Gruppe stieß. David Lee Roth kam schließlich zu Van Halens umjubelter Nordamerikatour 2007–2008 zurück, bei der Eddies Sohn, **Wolfgang,** den Bass von **Michael Anthony** übernahm.

Über die Jahre erkrankte Eddie mehrmals schwer: 1999 bekam er eine künstliche Hüfte, zu Beginn des neuen Jahrtausends bekämpfte er erfolgreich Mundhöhlenkrebs und machte eine Reha. Seit Kurzem hat er wieder neuen Schwung, was auch mit seiner **EVH-**Produktreihe zusammenhängt, die aus Gitarren, Verstärkern, Tonabnehmern und Zubehör wie Plektren und Kabeln besteht. In der Vergangenheit wurde Eddie auch mit anderen Marken in Verbindung gebracht – zum Beispiel mit Gitarren von Charvel, Kramer und Ernie Ball/Music Man und Verstärkern von Marshall und Peavey.

Hybrid-Picking

Hybrid-Picking (engl. *hybrid* = gemischt) kombiniert das normale Anschlagen mit dem Plektrum, das wir bisher angewendet haben, mit Elementen des Finger-Picking, also des Zupfens mit den Fingern. Es kommt häufig in der Country- und Bluegrass-Musik vor, ist aber auch Teil des „technischen Vokabulars" von modernen Rockgitarren-Zauberern wie Eric Johnson (siehe Seite 68) und Buckethead (siehe Seite 63). Wenn Du Dein Plektrum zwischen Daumen und Zeigefinger hältst, kannst Du auch mit den restlichen drei Fingern noch Saiten anschlagen, und das schon bekannte String-Skipping wird ebenfalls *viel* einfacher.

Das Beispiel unten zeigt, wie Du Hybrid-Picking bei Akkorden und Arpeggios verwendest. Abschnitt A enthält einen H-Powerchord, gefolgt vom gleichen Akkord mit zusätzlichem A im Bass. Wir spielen alle Töne auf der 5. Saite mit dem Plektrum und zupfen die Noten im 4. Bund auf der 3. und 4. Saite mit dem 3. Finger (a) oder dem 2. Finger (m). Das ist definitiv eine harte Nuss für Gehirn und Hand – erwarte nicht, dass es sich gleich natürlich anfühlt! Fürs Greifen empfehle ich den 1. Finger auf der 5. Saite und den 3. und 4. Finger auf der 4. und 3. Saite.

PIMAC

Die am häufigsten verwendete Methode, Gitarren-Fingersätze der rechten Hand zu zeigen, heißt **PIMAC** – eine Abkürzung, die aus den Bezeichnungen der fünf Finger abgeleitet ist.

P = pulgar (Daumen)
I = index (Zeigefinger)
M = medio (Mittelfinger)
A = annular (Ringfinger)
C = „chiquita" (kleiner Finger)

Diese Buchstaben, über der Notenschrift gedruckt, zeigen Dir an, mit welchen Fingern Du die jeweiligen Töne zupfen sollst. „Chiquita" kommt dabei nur sehr selten vor.

Rechts: *James Burton hat den verdienten Ruf, weltweit zu den Gitarristen mit dem besten Finger-Picking zu gehören, in Rock- und Country-Musik gleichermaßen.*

Für Abschnitt B (siehe gegenüber) bleiben alle Fingersätze gleich, aber hier spielen wir immer nur eine Saite auf einmal, während wir das Prinzip beibehalten, die A-Saite mit dem Plektrum anzuschlagen und die D- und G-Saite mit dem Finger zu zupfen.

In Abschnitt C wechseln wir zu einem h-Moll-Akkord – und bringen auch den kleinen Finger („c" für „chiquita") mit ins Spiel. Für den ersten Akkord zupfen wir zugleich die A-, D-, G- und H-Saite an, mit dem Plektrum und mit allen anderen freien Fingern der rechten Hand. Bei den Arpeggios erzeugt die Kombination aus Plektrum, Mittel- und Ringfinger einen tollen Effekt. Die Fingersätze der linken Hand bleiben gleich, der zusätzlich eingesetzte Mittelfinger spielt die H-Saite.

Das nächste Beispiel (unten) zeigt, wie nützlich das Hybrid-Picking für das Solospiel sein kann. Takt 1 und 2 sind ein cooles Lick aus einem Motiv, das variiert wird. Schlag zu Beginn die 3. Saite mit dem Mittelfinger (m) an, zupf dann die 4. Saite mit dem Plektrum und spiel sofort ein Pull-off und ein Hammer-on. In der Fortsetzung ändert sich jedes Mal der erste Ton des Musters. In Takt 3 und 4 spielen wir zu Beginn zwei Noten gleichzeitig mit einem Barré-Griff des 1. Fingers. Zum Schluss spielen wir drei Intervalle (Sexten) mit Plektrum und Mittelfinger. Fingersätze der linken Hand: 1. Finger (G-Saite) und 2. Finger für die ersten zwei Sexten; 3. Finger (G-Saite) und 2. Finger für das letzte Intervall.

Denk dran: Diese Technik ist nicht für jeden geeignet! Manche Gitarristen schaffen damit Großartiges; andere setzen sie dagegen überhaupt nicht ein.

HYBRID-PICKING IN AKTION

Eric Johnson: „Manhattan" – *G3 Live in Concert* (1997), zuerst auf *Venus Isle* (1996)

James Burton: „Mystery Train" – *The Guitar Sounds of James Burton* (1971)

Buckethead: „Jordan" – Single zum Downloaden (2009), zuerst auf *Guitar Hero II*

Stevie Ray Vaughan: „Lenny" – *Texas Flood* (1983)

Rechts: *Stevie Ray Vaughan – sein Tod bei einem Hubschrauberabsturz 1990 war ein schwerer Verlust für die Rock- und Blueswelt.*

Eric Johnson

HYBRID-PICKING

„Manchmal gehst Du weiter und weiter … um Deinen ganz eigenen Sound und Stil zu entwickeln."

Gegenüber und unten: *Eric Johnson, ein fantastischer Hybrid-Picker, mit seiner Stratocaster.*

Werfen wir einen Blick auf den Allround-Gitarrenvirtuosen Eric Johnson, bei dem das Hybrid-Picking ein ganz natürlicher Bestandteil seines Stils ist. Erinnerst Du Dich, dass ich Country erwähnte? Hör Dir mal „Steve's Boogie" von Eric Johnsons populärem Album *Ah Via Musicom* (1990) an, um eine Vorstellung davon zu bekommen, was ich meine. Hör auch mal in „Cliffs of Dover" hinein – das gibt es jetzt sogar auf *Guitar Hero III* zum Mitspielen!

Unser von Johnson inspiriertes Beispiel beginnt mit einem mächtigen Lick mit String Skipping über zwei Takte. Beginn mit dem 4. Finger auf der H-Saite im 14. Bund und zupf ab hier jede zweite Note im 10. Bund auf der hohen E-Saite – mit dem 1. Finger der Greifhand und dem Mittelfinger (m) der Spielhand. (Du kannst auch mit dem Ringfinger [a] zupfen, wenn Du das bequemer findest). Weitere Fingersätze der linken Hand: Für alle Töne im 14. Bund den 4. Finger, für alle Töne im 12. Bund den 2. oder 3. Finger.

Takt 3 beginnt mit einem Em9-Akkord, und hier nehmen wir die Dienste des kleinen Fingers der rechten Hand in Anspruch. Spiel den Akkord auf dem 1. Schlag (Em7) mit Plektrum, Mittelfinger (m) und Ringfinger (a); dann schlag mit dem kleinen Finger im 14. Bund der E-Saite ein F# an – für den Em9-Akkord. Die Töne des 1. Schlags klingen dabei weiter. Greif die Töne mit den Fingern 2, 1, 4 und 3 (von der 4. Saite an aufwärts). Dann greif den 12. Bund auf der 5. Saite und auf der hohen E-Saite, mit einer großen Lücke dazwischen. Nimm dafür das Plektrum und den Ringfinger (a), dann hast Du den Mittelfinger (m) danach noch frei für die 2. Saite im 12. Bund. Effektiv ist hier ein Barré des 1. Fingers im 12. Bund.

Der letzte Takt ist eine schöne, Hendrix-artige Phrase mit dem Plektrum an der 5. Saite (greif mit dem 1. Finger) und dem Ringfinger zum Zupfen des Tons im 15. Bund der 2. Saite. Es geht weiter mit einem Hammer-on und einem Pull-off, gegriffen mit dem 2. und 4. Finger. Zum Schluss schlägst Du die G-Saite im 16. Bund mit dem Mittelfinger (m) an und nimmst das Plektrum für den letzten Ton. Das alles ist schon recht anspruchsvoll. Lass Dir also reichlich Zeit zum Üben. Viel Spaß dabei!

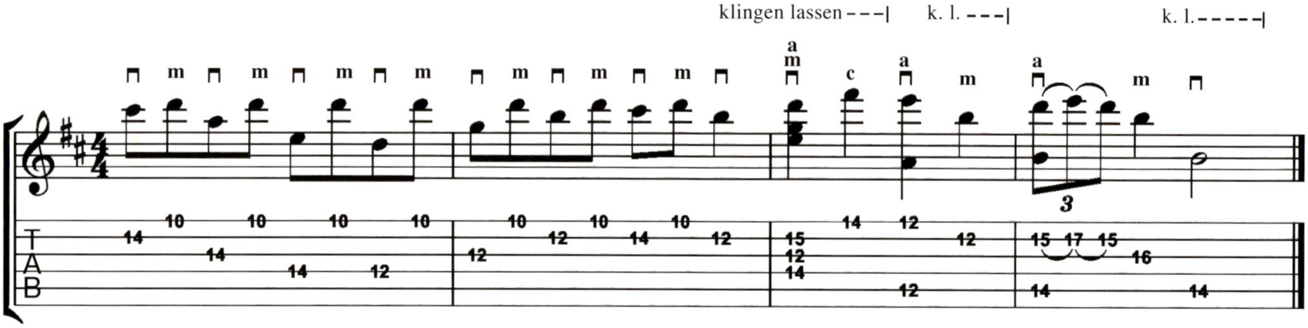

Eric Johnson stammt aus Austin, Texas. Er wurde 1954 geboren und begann mit fünf Jahren, Klavier zu spielen; etwa sieben Jahre später wechselte er zur Gitarre. Seine Einflüsse waren Rock, Country (insbesondere die Musik von **Chet Atkins**), Jazz (**Django Reinhardt** und **John McLaughlin** vom **Mahavishnu Orchestra**) und Blues. Als Teenager stieß er zu dem psychedelischen „Power-Trio" **Mariani,** das nach ihrem Drummer **Vince Mariani** benannt war. 1970 brachte das Trio auf dem lokalen Label Sonobeat die Single „Re-Birth Day" heraus, und in einer anderen Besetzung produzierte es für die gleiche Firma in jenem Jahr ein Album. Dieses Werk, *Perpetuum Mobile,* gibt es inzwischen auf CD, und es enthält einige großartige Effekte des Echoplex Tape-Delay in Johnsons Gitarrenparts.

1974 schloss Johnson sich den **Electromagnets** an – von **Frank Zappa** als „Mahavishnu Orchestra mit Sinn für Humor" beschrieben. Die Band, die nie den Erfolg bekam, den sie verdient hätte, nahm zwei LPs auf. Nach ihrem Ende gründete Eric selbst ein Trio mit dem früheren Electromagnets-Bassisten **Kyle Brock** und dem Drummer **Bill Maddox.** Ihr Album *Seven Worlds* entstand 1976–77, blieb aber bis 1998 unveröffentlicht, und Johnson musste bis Mitte der 1980er Jahre warten, um bei einem großen Plattenlabel (Warner Bros.) unterzukommen. Seine einzige CD für Warner, *Tones* (1986), wurde von der Kritik gelobt, aber es brauchte weitere vier Jahre und einen Wechsel des Labels, bis sich der Erfolg endlich einstellte – das Album *Ah Via Musicom* (1990) wurde mit Platin ausgezeichnet. Eric Johnson ist ein penibler Perfektionist, der seine Soloalben in großen Zeitabständen aufnimmt, aber er ist ständig mit irgendeinem Musikprojekt beschäftigt – von seiner Bluesband, **Alien Love Child** (mit seinem langjährigen, im Dezember 2010 verstorbenen Mitstreiter **Bill Maddox** als Drummer,) bis hin zu G3-Auftritten mit **Joe Satriani** und **Steve Vai.** Sein sechstes Soloalbum, *Up Close,* erschien 2010.

Eric Johnson ist ein langjähriger Fender-Stratocaster-Spieler und verwendet eine Verstärkerkombination aus Fender Twin Reverbs und Marshalls.

Natürliche Obertöne

Rechts: *Obertöne erzeugt man mit einer leichten Berührung der Saite über einem Bundstäbchen.*

Unser nächstes Thema sind die **Obertöne** – und auch ohne hier zu wissenschaftlich zu werden, macht es es einen Riesenspaß, sie zu spielen. Ob man damit glockenähnliche Sounds, Jammertöne oder verrückte Effekte erzielt – aufgrund ihrer Klangqualität stechen sie immer heraus. Am einfachsten sind die natürlichen Obertöne oder **Naturtöne** (abgekürzt N. H. für *natural harmonics)* zu erzeugen, die an ganz bestimmten Stellen auf dem Griffbrett liegen.

Im Beispiel A (oben) sehen wir eine **Folge von Naturtönen,** die Du auf dem Bundstäbchen des 12. Bunds über alle sechs Saiten spielen kannst. Wichtig bei Naturtönen ist, dass sie nicht *im* Bund, sondern *über dem Bundstäbchen* entstehen – Du musst Deine linke Hand (am besten den 1. Finger) also *rechts* vom 12. Bund direkt über dem Bundstäbchen positionieren und dort die Saite *leicht* berühren, ohne sie tatsächlich herunterzudrücken. Die Saite darf keinen Kontakt zum Bundstäbchen bekommen. Im Gegensatz zu dieser leichten Berührung mit links muss Deine rechte Hand recht kräftig anschlagen. Ich empfehle, das Plektrum fest auf die nächste Saite „fallen" zu lassen und jede Saite beim Anschlagen richtig nach unten zu drücken. Nachdem Du die Saite an der richtigen Stelle über dem Griffbrett berührt hast, kannst Du den Finger wieder wegnehmen – der Ton klingt weiter. Die Obertöne kommen besonders mit dem Steg-Pickup gut heraus.

Jetzt versuch das Gleiche am 5. Bund in Beispiel B. Wie Du siehst, sind die Töne dieselben; sie erklingen nur eine Oktave höher. Das liegt an den verschiedenen **Schwingungsknoten** auf der Saite, die wir uns später genauer ansehen.

In Beispiel C werden die Bewegungen wiederholt, aber diesmal am 7. Bund, wodurch eine vollkommen andere Gruppe von Noten erklingt. Bevor Du weitermachst, spiel ein bisschen mit diesen Naturtönen herum und vermisch die drei Beispiele – vielleicht entstehen daraus ja ein paar kleine Riffs. Die tiefe E-Saite, kombiniert mit einem dieser Obertöne, könnte zum Beispiel interessant klingen.

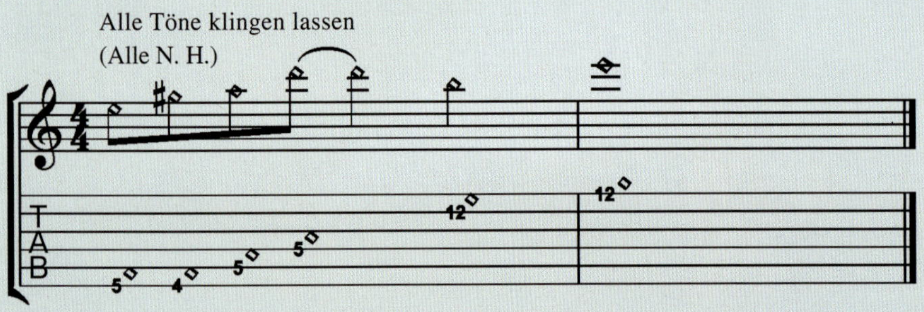

Unser zweites Beispiel (links) ist eine coole kleine Phrase, mit einigen der Naturtöne, die wir schon kennen, und einem Oberton auf der tiefen E-Saite am 4. Bund. Als Fingersatz würde ich 2, 1 und für die restlichen Noten 2 nehmen. Alle Töne sollten ausklingen, bis auf den ersten, der vom darauffolgenden Ton auf derselben Saite abgelöst wird. Ziemlich beeindruckender Sound, oder?

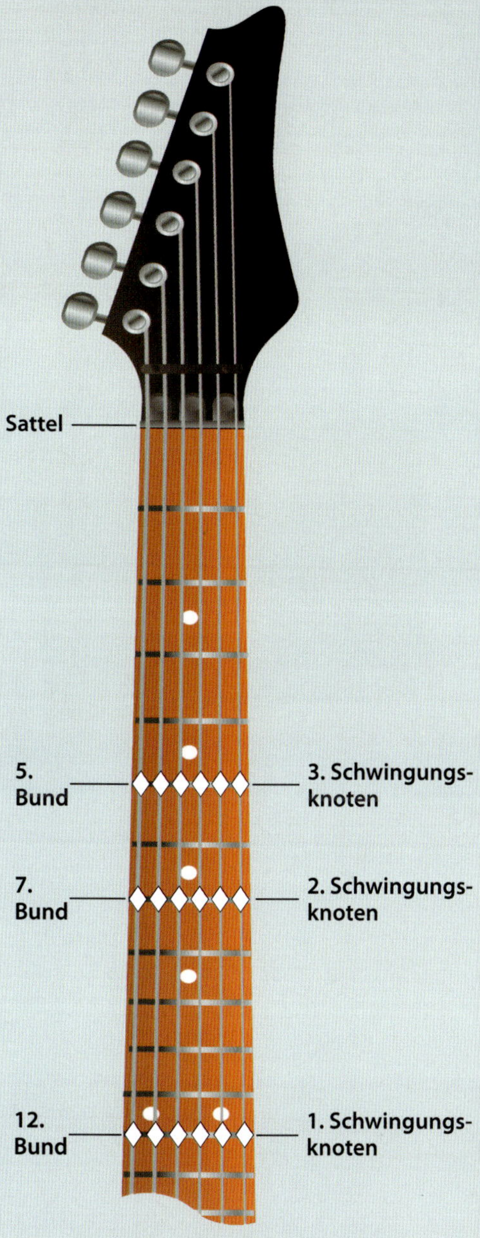

Oben: Die Markierungen zeigen die Haupt-Schwingungsknoten für die natürlichen Obertöne der Gitarre. In den Noten werden sie mit einer leeren Raute (◇) und der Abkürzung N. H. (für „Natürliche Harmonien") dargestellt.

Oben: Zakk Wyldes Gitarren mit dem Zielscheiben-Design werden von Gibson hergestellt; deren Tochterunternehmen Epiphone baut günstigere Versionen davon.

OBERTÖNE IN AKTION

Billy Gibbons (ZZ Top): „La Grange" – *Tres Hombres* (1973)

Brad Delson (Linkin Park): „One Step Closer" – *Hybrid Theory* (2000)

Randy Rhoads (Ozzy Osbourne): „Crazy Train" – *Blizzard of Ozz* (1980); es gibt auch eine tolle Live-Version auf *Tribute* (1987)

Zakk Wylde (Black Label Society): „Black Sunday" – *Order of the Black* (2010)

Richie Sambora (Bon Jovi): „Wanted Dead or Alive" – *Slippery When Wet* (1986)

Billy Gibbons

OBERTÖNE

„Verstärker einschalten, Gitarre stimmen, abrocken!"

Gegenüber: *Billy Gibbons – in einer seiner berühmten Wollmützen!*

Rechts: *Anschlagen des ersten Obertons aus dem Notenbeispiel unten. Wo man die Obertöne spielt, variiert von Gitarre zu Gitarre.*

Als Nächstes sehen wir uns **künstliche Obertöne** an – unter Gitarristen auch **Pinch Harmonics** oder „Squealies" genannt. Und wer könnte sie besser vorstellen als der langjährige (und langbärtige!) ZZ-Top-Gitarrist Billy Gibbons?

Die künstlichen Obertöne werden in den Noten mit A. H. (*artificial harmonics*) abgekürzt und als Notenköpfe mit gefüllten Rauten dargestellt: ♦ (Oft verwendet die Notation auch dieselben Symbole für natürliche und künstliche Obertöne.) Für einen solchen Ton schlagen wir eine Saite mit dem Plektrum an, berühren sie sofort leicht mit dem rechten Daumen und nehmen ihn dann schnell wieder weg. Zusätzlich müssen wir die Saite an einer ganz bestimmten Stelle anschlagen, in Relation zur Lage des Tons, den wir mit der linken Hand greifen. Bestimmte Punkte („Schwingungsknoten") auf der Saite erzeugen bestimmte Töne. Im Prinzip kann man also die linke Hand auf einer Stelle liegen lassen und verschiedene Töne nur dadurch erzeugen, dass man mit der rechten Hand verschiedene Stellen auf der Saite anschlägt und mit dem Daumen abdämpft. Die am häufigsten gespielten künstlichen Obertöne sind die, die man **eine** oder **zwei Oktaven** über dem gegriffenen Ton findet – das entspricht 12 oder 24 Bünden darüber.

Bevor wir anfangen: Tu Dir selbst einen Gefallen und füg Deinem Sound ganz viel Verzerrung hinzu – das macht es viel einfacher!

Unser Beispiel basiert auf der g Moll-Pentatonik, und wir benutzen die Obertöne, die sich zwei Oktaven über den gegriffenen Tönen befinden. Die ganze Phrase bleibt in der bekannten Lage der Tonleiter – unsere größte Herausforderung ist es, die richtige Stelle zur Erzeugung der Obertöne zu finden, in Relation zu den gegriffenen Tönen. Für den ersten Oberton im 1. Takt setzen wir unseren 3. Finger auf den 5. Bund der 4. Saite. Jetzt suchst Du nach der richtigen Stelle zum Anschlagen der Saite und erzeugst den Oberton in der Nähe des Hals-Tonabnehmers, denn hier befindet er sich bei den meisten Gitarren. Im 3. Takt kommen mehrere Bendings vor (lies Dir gegebenenfalls erneut die Seiten 50–53 über Bending durch); hier kombinieren wir künstliche Obertöne mit Bending, und gelegentlich benden wir ohne Obertöne. Denk daran, dass Du Deine Anschlaghaltung nach rechts verschieben musst, um die Obertöne zu erzeugen, die jeweils zwei Oktaven über den gegriffenen Tönen liegen. Am Ende steht ein schöner langer Oberton über B im 3. Bund. Verschieb Deine rechte Hand beim Anschlagen wieder leicht nach links und füg ein cooles Vibrato hinzu, damit der Ton richtig singt. Super!

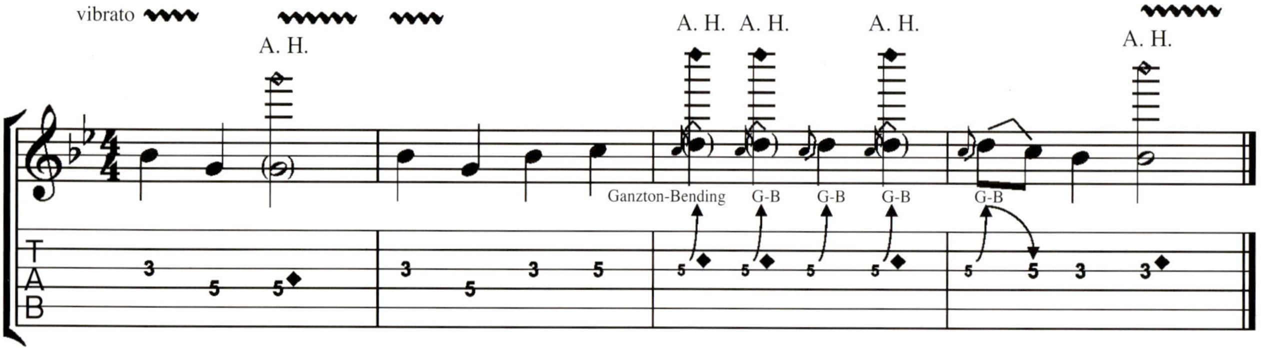

Billy F. Gibbons wurde am 16. Dezember 1949 in Tanglewood, einem Vorort von Houston, Texas, geboren. Seinen mittleren Namen, Frederick, hat er mit seinem Vater (1908–1981), einem Pianisten und Bandleader, der früher Stummfilme begleitet hatte, gemeinsam. Billys musikalisches Talent zeigte sich schon in seiner Kindheit, und seine erste E-Gitarre, eine Gibson Melody Maker (einige Jahre später auch die Gitarre der Wahl für **Joan Jett,** Frontfrau der **Runaways**), bekam er schon mit 13.

Billy Gibbons, der sich von **Elvis Presley, Jimmy Reed** und (besonders) dem Bluesmann **McKinley Morganfield,** besser bekannt als **Muddy Waters,** inspirieren ließ, wurde schnell zum festen Bestandteil der örtlichen Musikszene. 1967 hatte seine Band **The Moving Sidewalks** einen regionalen Hit mit dem Song „99th Floor"; ein Jahr später wurden sie als Vorgruppe von **The Jimi Hendrix Experience** für einige US-Konzerte gebucht, und Jimi erkannte Billy als neues Talent. Die Zukunft des jungen Gitarristen lag jedoch nicht in der psychedelischen Musik von den Sidewalks, die 1969 auseinandergingen, sondern in dem von Blues und Tex-Mex beeinflussten Stil von **ZZ Top.** Das komplett texanische Trio, zu dem noch **Dusty Hill** (Bass) und **Frank Beard** (Schlagzeug) gehörten, trat im Februar 1970 erstmals auf und brachte im selben Jahr die erste LP heraus. Der Ruhm der Band nahm während des Jahrzehnts ständig zu (ihre erste Hitsingle „La Grange" stammte von ihrem 1973er-Album *Tres Hombres*) und erreichte seinen Höhepunkt in den 1980er-Jahren, in denen sie durch ihre Kombination aus musikalischer Kraft und unverwechselbarem Äußerem auch beim 1981 gestarteten Sender MTV beliebt war. Ihr erfolgreichstes Album, momentan zehn Mal mit Platin ausgezeichnet (weltweit über 3 Millionen verkaufte Alben), ist *Eliminator* von 1983 mit Hits wie „Legs" und „Sharp Dressed Man". Doch auch danach hielt sie sich mit neuen Platten und ausverkauften Tourneen in der ersten Reihe des Rock – ein eindrucksvolles Resultat für eine Band, die ohne personelle Wechsel seit über 40 Jahren zusammen ist.

Billy Gibbons hat eine riesige Gitarrensammlung – in einem Interview nannte er sie kürzlich „meinen Lebensinhalt" –, aber seine liebste Gitarre ist die Les Paul Standard von 1959, die den Spitznamen „Pearly Gates" erhielt und vor Kurzem von Gibson als Nachbau produziert wurde. Gibbons verwendet Verstärker von Marshall.

Obertöne für Fortgeschrittene

Jetzt betreten wir ein recht anspruchsvolles Gebiet und sehen uns Techniken näher an, die man eine Zeit lang üben muss, um sie zu beherrschen. Aber hier erfährst Du alles, was Du brauchst, um wirklich außergewöhnliche Töne und Melodien zu spielen. Aber aufgepasst: Der Preis, den Du bezahlen musst, um Techniken wie diese zu meistern, sind wahrscheinlich viele, viele Stunden Üben. So … und damit zum vergnüglichen Teil!

Zuerst sehen wir uns Obertöne an, die getappt **(Tap Harmonics)** oder nur kurz berührt werden **(Touch Harmonics)**. Sie werden – kaum überraschend – mit T. H. abgekürzt und als gefüllte Rauten notiert: ♦. Ich empfehle *viel* Verzerrer für alle folgenden Übungen!

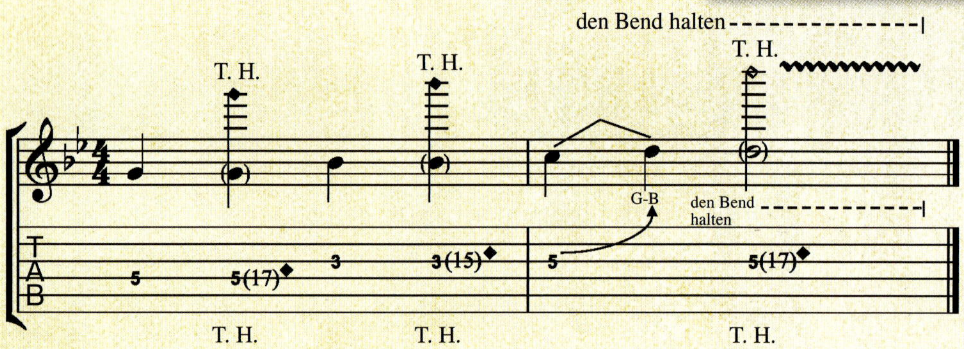

Oben: *Diese Technik erzeugt ein Touch Harmonic auf dem Schwingungsknoten über dem 17. Bund auf der 4. Saite.*

Unten: *George Lynch, früher Leadgitarrist der amerikanischen Heavy-Metal-Band Dokken, bei einem Gig in Hollywood 2009.*

Tap Harmonics wurden durch Eddie Van Halen populär. Sie sind eigentlich nur eine natürliche Erweiterung der Tapping-Technik. Das Beispiel oben steht in der g-Moll-Pentatonik und ähnelt der Billy-Gibbons-Übung auf S. 72–73. Hier liegt unser Schwingungsknoten allerdings jeweils nur **eine** Oktave (12 Bünde) über dem gegriffenen Ton. Wenn also Deine linke Hand (3. Finger) im 1. Takt den 5. Bund greift, musst Du den Schwingungsknoten auf dem 17. Bund finden (5 + 12 = 17). Probier es erst mit **Touch Harmonics** aus, wobei Du die Saite über dem 17. Bund leicht berührst, nachdem Du sie im 5. Bund gegriffen und angeschlagen hast. Dafür kannst Du jeden Finger der rechten Hand nehmen, ich empfehle aber den Mittelfinger. Probier es dann mit **Tap Harmonics,** wobei Du auf den Schwingungspunkt tappst und ihn recht schnell wieder loslässt. Der letzte Takt ist ein klassischer Eddie Van Halen: Zuerst kommt ein Ganzton-Bending, dann legen wir eine Oktave drauf, indem wir den Schwingungsknoten tappen (oder berühren). Am Ende halten wir den Bend und verpassen ihm ein siegessicheres Vibrato!

Dieses Beispiel zeigt, wie wir unterschiedliche Töne erzeugen, indem wir einen Ton greifen – die 4. Saite im 5. Bund – und auf *verschiedene* Schwingungsknoten entlang der Saite tappen: über dem 17., 12. und 9. Bund. Heraus kommt im Grunde ein G-Dur-Arpeggio, obwohl die linke Hand nur ein einziges G greift! Anders als beim letzten Beispiel, bei dem jeder Ton gegriffen und erst dann in einen Oberton „verwandelt" wird, tappen wir diesen Oberton direkt. Du musst die Tapping-Bewegung vielleicht ein Weilchen üben, denn um die Töne zu erzeugen, sind große Präzision und etwas mehr Kraft vonnöten.

Entdecken wir nun weitere Schwingungsknoten entlang der Saite. Hier haben wir einen Triller mit der linken Hand (nimm den 1. und den 3. Finger) auf der tiefen E-Saite. Während Du trillerst, berührst Du die Saite sachte mit irgendeinem Finger Deiner rechten Hand, als wolltest Du auf dem Griffbrett Touch Harmonics erzeugen. Diesmal startest Du aber am Stegende der Saite und bewegst den Finger langsam die Saite hinunter. Hör die verschiedenen Schwingungsknoten, die Du passierst. Fahr die Saite ganz hinunter und dann wieder hinauf. Ein tolles Beispiel dafür hört man übrigens kurz vor dem Hauptthema am Anfang von Joe Satrianis „Motorcycle Driver". Klingt cool, oder?

Hör die Obertöne entlang der Saite

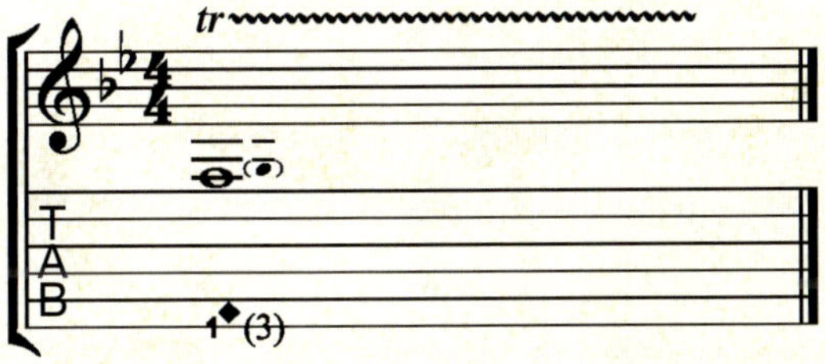

Rechts: *Eddie Van Halen geht mit freiem Oberkörper ins Gitarrengefecht und bearbeitet eine seiner Gitarren-Spezialanfertigungen.*

OBERTÖNE FÜR FORTGESCHRITTENE IN AKTION

Andy Summers (Police): „Can't Stand Losing You" – *Outlandos d'Amour* (1978)
Eddie Van Halen (Michael Jackson): „Beat It" (Solo) – *Thriller* (1982)
Joe Satriani: „Motorcycle Driver" – *The Extremist* (1992)
George Lynch (Dokken): „In My Dreams" (Solo) – *Under Lock and Key* (1985)

Andy Summers

HARP HARMONICS

„Meine Lieblingstöne sind die hohen, leicht abgedrehten Töne, die sehr atmosphärisch klingen."

***Gegenüber:** Andy Summers mit einer Fender Stratocaster. Auf beiden Fotos trägt er Ohrkanal-Monitore.*

Harp Harmonics (engl. *harp* = Harfe) gehen zurück auf Gitarrengrößen wie Lenny Breau und Chet Atkins. Andy Summers von The Police ist heute einer der prominentesten Rockgitarristen, die diese Technik verwenden: Hör Dir zum Beispiel die Bridge von „Can't Stand Losing You" an. Die auch als **Chime Harmonics** (engl. *chime* = Glockenläuten) bezeichnete Technik zu meistern, braucht seine Zeit, ist aber ein sehr schönes Element in Deinem Repertoire, wenn Du die Geduld aufbringst, sie gut spielen zu lernen.

Bei Harp Harmonics (in den Noten mit H. H. abgekürzt) greifst Du mit links einen Ton, hältst einen Finger der rechten Hand (meist den Zeigefinger) über den Schwingungsknoten (in der Regel 12 Bünde über dem Ton, den Du greifst) und zupfst dann diesen Ton, entweder mit einem anderen Finger der rechten Hand oder mit dem Plektrum.

Wenn Du Dich für das Plektrum entschieden hast, solltest Du es zwischen Daumen und Mittelfinger halten, damit Dein Zeigefinger frei ist, um den gewünschten Schwingungspunkt zu berühren.

***Links:** Eine Harp- oder Chime-Harmonic wird mit dem Daumen der rechten Hand angeschlagen.*

Unser Notenbeispiel ist für die linke Hand ziemlich simpel – sie greift mit dem 1. Finger im 3. Bund ein Barré über alle Saiten. Der Daumen auf der Rückseite des Gitarrenhalses hilft der Hand, eine bequeme Position einzunehmen, indem er von hinten kräftig drückt. Ich würde einen cleanen Sound nehmen und die Töne frei klingen lassen. Hab keine Scheu, die Lautstärke etwas aufzudrehen – dann wird es einfacher für Dich, die Obertöne zu erzeugen. Die Nachbarn sollten sich nicht daran stören – schließlich wird es ja wunderschön und harfengleich klingen!

***Links:** Wenn Du das Plektrum zwischen Daumen und Mittelfinger hältst, ist der rechte Zeigefinger frei, um die Saite zu berühren.*

Wir greifen hier also den Akkord und schlagen dann abwechselnd die Obertöne und die regulären Töne an – indem wir die Saite zwölf Bünde über den gegriffenen Noten leicht berühren, wenn wir die Obertöne zupfen.

Wir legen also den rechten Zeigefinger auf die Schwingungsknoten, benutzen den Daumen, um die Obertöne anzuschlagen, und den Ringfinger, um die regulären Noten zu spielen. Alternativ kannst

Alle Töne klingen lassen

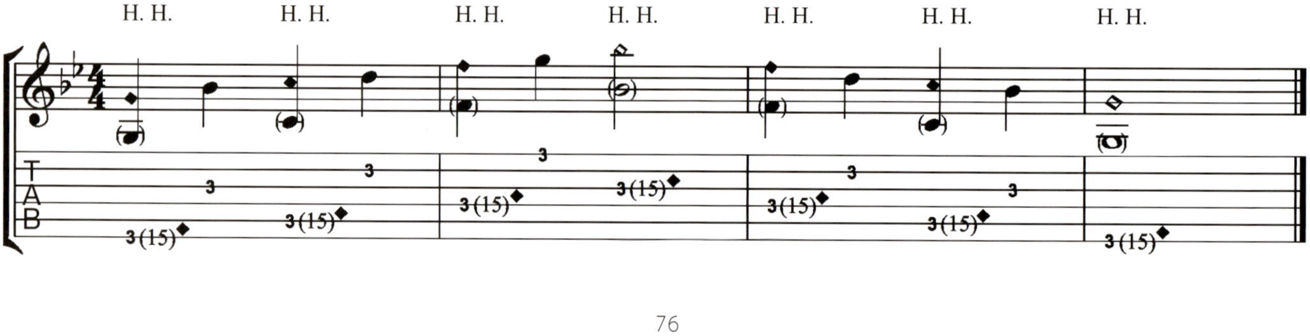

Du anstelle des Daumens auch das Plektrum für die Obertöne nehmen. Üb das *sehr* langsam und teil es in Einzelschritte auf – immer nur einen Oberton und einen regulären Ton auf einmal. So gewöhnst Du Dich viel schneller daran, zwischen Obertönen und regulären Tönen zu wechseln.

Im nächsten Schritt probierst Du das Ganze mit *anderen* Akkorden aus – und schon bald kannst Du Töne erzeugen, die wie Kirchenglocken klingen! Ich glaube kaum, dass Du Dir zu Anfang vorgestellt hast, einmal *solche* Töne mit Deiner Gitarre zu produzieren!

Andy Summers wurde am Silvesterabend 1942 geboren und wuchs im englischen Seebad Bournemouth auf. Er brachte sich das Gitarrenspiel selbst bei und freundete sich als Teenager mit anderen Musikern der Stadt an (insbesondere mit **Robert Fripp,** der wenig später als Mitgründer von **King Crimson** berühmt wurde). Mitte der 1960er Jahre hatte er sich in London etabliert. Er feierte früh Erfolg mit den Bands der britischen Rhythm-and-Blues-Vertreter **Zoot Money** und **Eric Burdon,** war ein produktiver Studiomusiker und verbrachte mehrere Jahre in den USA, wo er in Kalifornien klassische Gitarre studierte.

Zurück in England schloss sich Summers im Sommer 1977 der damit vierköpfigen Band **The Police** an. Mit dem Bassisten **Sting (Gordon Sumner)** hatte er schon vorher in der Band **Strontium 90** zusammengearbeitet. Mit dem Weggang des Gitarristen **Henry Padovani** wurden sie zum Trio. Im November 1978 kam ihr Debütalbum heraus, *Outlandos D'Amour.* Es war mit einem Budget von nur 6000 Dollar aufgenommen worden, enthielt die ersten Hitsingles der Band – „Roxanne", „Can't Stand Losing You" und „So Lonely" – und gewann schließlich Platin. The Police wurden zu Superstars auf der ganzen Welt und verkauften massenweise Platten; *Synchronicity* (1983), ihre fünfte und letzte Studio-LP, war auch ihr größter Hit, eine Nummer eins in England und Amerika. Darauf war auch ihr bekanntester Song „Every Breath You Take".

Während er noch bei The Police war, spielte Summers ein unvergessliches Album mit seinem alten Freund und Gitarrenkollegen Robert Fripp ein (*I Advance Masked,* 1982). Auch nach der Auflösung der Band im Jahr 1984 lieferte er hochkarätige Musik ab – als Solokünstler und in Bands. Besonders interessant hinsichtlich seines Gitarrenspiels sind sein Duett-Album mit dem Jazzer **John Etheridge** (*Invisible Threads,* 1993) und sein Gastauftritt auf *Nylon and Steel* des kubanischen klassischen Gitarristen **Manuel Barrueco** (2001). Das Instrument, das man am häufigsten mit ihm assoziiert, ist seine Fender Telecaster von 1961 (die Fender 2007 als Limited-Edition-Nachbau auf den Markt brachte); als Verstärker bevorzugt er zum Beispiel die Jazz-Chorus-Combos von Roland (JC 120) und Mesa Boogies.

Der Whammy-Bar

Unser nächstes Thema beschäftigt sich mit einer großartigen Vorrichtung (und einem tollen Spielzeug!): dem **Whammy-Bar** (auch **Vibrato** oder **Tremolohebel**). Er begann als handliches Werkzeug zum Erzeugen von Vibrato und entwickelte sich in den Händen von Gitarristen wie Jimi Hendrix und Jeff Beck schnell zu einem Effektgerät weiter, mit dem sich jedes Geräusch imitieren lässt: ein Sturzflug, Pferdewiehern, aufheulende Motoren und sogar Sprechen (hör Dir Steve Vais „The Audience Is Listening" auf *Passion & Warfare* [1990] an!). Es gibt verschiedene Tremolosysteme. Die meisten Rockgitarristen bevorzugen ein **schwebendes System,** wie etwa das **Bigsby-Vibrato** oder das **Floyd-Rose-Tremolo**. „Schwebend" bedeutet, dass man den Hebel nach unten drücken (sodass der Ton tiefer wird) sowie nach oben ziehen kann (für einen höheren Ton). Beim **Floyd-Rose-Tremolo** sind die Saiten an Steg und Sattel festgeklemmt, um zu verhindern, dass sie sich verstimmen. Die folgenden Beispiele funktionieren am besten mit einem schwebenden System, aber die meisten kannst Du auch ohne spielen. Ohne Floyd-Rose-System wirst Du öfter nachstimmen müssen. Wir spielen die ganze Zeit in der g-Moll-Pentatonik … und packen jede Menge Verzerrung dazu, damit die Töne länger schwingen. Achte auch darauf, mit der linken Hand die ungespielten Saiten abzudämpfen.

Wir beginnen mit **Dips** (rechts): Schlag den Ton an und greif dazu die D-Saite mit dem 3. Finger im 5. Bund. Drück den Whammy-Bar mehrmals leicht nach unten und lass ihn wieder los. So machst Du mehrere Dips. Senk den Ton anfangs nur um einen Halbton (in der Notation durch -1/2 und V gekennzeichnet). Probier dann viel tiefere Dips – zwei Ganztöne oder eine Quinte und so weiter. Als Nächstes experimentier mit den verschiedenen Möglichkeiten, den Hebel zu bedienen: Du kannst ihn greifen und nach unten drücken oder mit der Handfläche oder der Handkante leicht darauf schlagen. Wenn Du ein schwebendes System hast, dreh den Hebel einmal vom Hals weg. So wird der Ton höher und nicht tiefer, was an orientalische Musik erinnert. Sei dabei aber sehr vorsichtig, denn bei diesen Dips in

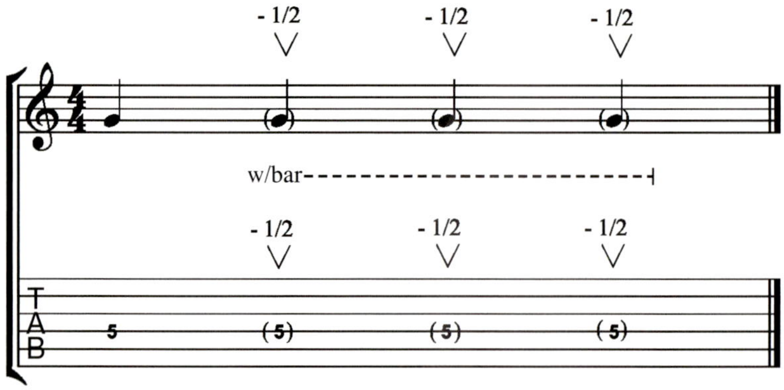

Links: *Die Hamer-Gitarre des Autors, ausgestattet mit einem schwebenden Floyd-Rose-System.*

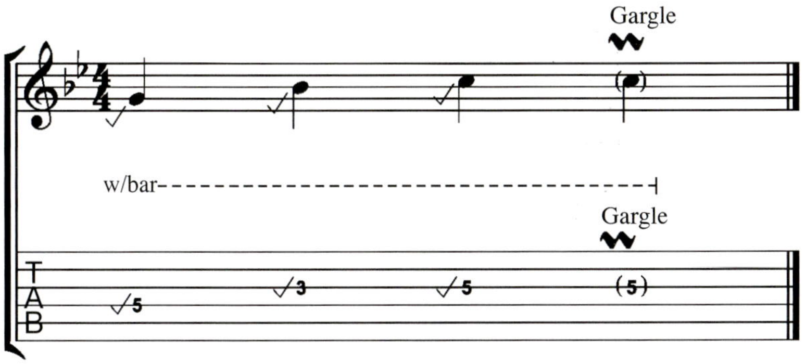

umgekehrter Richtung reißen die Saiten leicht, wenn Du den Hebel zu stark nach unten drückst.

Bei dem Beispiel oben hältst Du den Whammy-Bar zwischen Zeige- und Mittelfinger, während Du die Töne zupfst. Auf jedem der ersten drei Töne machen wir einen sogenannten **Scoop** (in der Notation ein ✓): Dabei drücken wir den Hebel nach unten und lassen ihn genau dann wieder los, wenn wir den Ton gerade gezupft haben. Die letzte Note ist ein sogenannter **Gargle** (engl. *to gargle* = gurgeln), für den Du ein gutes schwebendes System brauchst: Während der Ton klingt, tippst Du kurz mit der Hand gegen die Spitze Deines Tremolohebels, sodass das System einen Sekundenbruchteil zittert. Steve Vai ist ein Meister dieser Technik. Nimm für dieses Beispiel den 3., 1. und 3. Finger der linken Hand.

Zum Schluss probieren wir den klassischen **Divebomb-Effekt** (unten). In Beispiel A schlagen wir einfach die tiefe E-Saite an und drücken den Tremolohebel so weit nach unten wie es geht. Beispiel B produziert einen kreischenden Divebomb-Sound, den man erzielt, indem man auf der G-Saite über dem 5. Bund den natürlichen Oberton erzeugt und wieder den Hebel ganz nach unten drückt. Beispiel C ist eine kleine Variante davon und wird als Pinch Harmonic gespielt (man findet diesen Ton meistens zwischen dem Ende des Griffbretts und dem Hals-Tonabnehmer). Wenn Du die normale Divebomb beherrschst, kannst Du den **Pferde-Effekt** versuchen, indem Du den Oberton spielst und dann den Hebel schüttelst, während Du ihn langsam immer weiter nach unten drückst. Eine ganz neue Dimension!

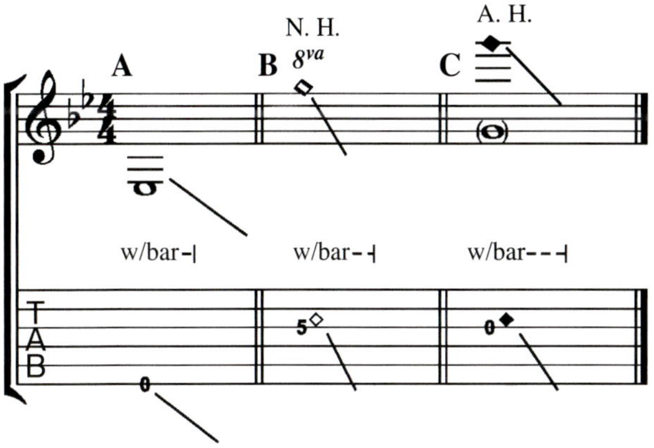

DER WHAMMY-BAR IN AKTION

Jeff Beck: „Led Boots" – *Performing This Week … Live at Ronnie Scott's Jazz Club* (2008)
Jimi Hendrix: „Star Spangled Banner" – *Live at Woodstock* (1999)
Steve Vai: „Bad Horsie" – *Alien Love Secrets* (1995)
Joe Satriani: „Satch Boogie" – *Surfing with the Alien* (1987)

Links: *Steve Vais Ibanez ist ein weiteres Modell mit einem schwebenden Tremolosystem.*

Jeff Beck

DER WHAMMY-BAR

„Ich spiele, wie ich spiele, weil ich mir so die krassesten Sounds ausdenken kann."

Gegenüber: *Jeff Beck – wie sein Zeitgenosse Jimi Hendrix ein Pionier des kreativen Tremolo-Gebrauchs.*

Jeff Beck ist ein absoluter Meister des Whammy-Bar, und sein kreativer Gebrauch davon macht einen Großteil seines einzigartigen Stils aus. Schauen wir uns einige seiner Techniken näher an. Er spielt meistens mit den Fingern, nicht mit Plektrum, was sich auf den Sound auswirkt. Außerdem verwendet Jeff Beck ein schwebendes Tremolosystem – wenn Du keins hast, wirst Du diese Manöver nicht so perfekt ausführen können. Aber auch ohne bekommst Du sicherlich einen guten Eindruck von seinen unglaublichen Whammy-Bar-Phrasierungen.

Unser Beispiel basiert auf der g-Moll-Pentatonik, in der Lage, die wir schon gut kennen – nur diesmal eine Oktave höher. Für die linke Hand bedeutet das, dass der 1. Finger alle Töne im 15. Bund spielt, der 3. Finger alle Töne im 17. Bund und der 4. Finger die im 18. Bund.

Wir starten mit zwei Scoops, nimm also den Hebel zwischen Zeige- und Mittelfinger, bevor Du einen Ton spielst. Auf die Scoops folgt ein schönes Lick, das mit vier Noten beginnt (darunter ein Hammer-on) und damit endet, dass die vierte Note ausklingt und kräftig mit dem Whammy-Bar durchgeschüttelt wird. Je nachdem, was für ein Tremolosystem Du hast, musst Du den Hebel eventuell fest packen und den ganzen Arm einsetzen, um ihn zu schütteln.

Ich finde, dass es gut funktioniert, die Handfläche auf den Hebel zu legen und ihn zwischen Ring- und kleinem Finger zu halten – das ermöglicht richtig tiefe Divebombs, ohne dass man mit den Fingerknöcheln auf die Gitarre schlägt. In Takt 2 wird der Lick wiederholt, und es folgen zwei weitere Scoops. Diesmal ist eine Pause dazwischen – und beachte, dass auf den zweiten Scoop direkt ein Hammer-on folgt. Konzentrier Dich wie immer auf kleine Schritte wie diesen und üb sie zunächst einzeln.

Anschließend kommen ein Bending und ein Vibrato, vorher noch ein Scoop. Drück also zuerst den Whammy-Bar nach unten und schlag dann die Note an. Während Du den Hebel loslässt, fängst Du mit dem Bending an, sodass sich der Hebel wieder in der Ausgangsposition befindet, wenn der Bend fertig ist. Denk dran, den Bend (wie auf den Seiten 50–53 beschrieben) mit den restlichen Fingern der linken Hand zu unterstützen.

Dann kommt ein weiterer Legato-Lick aus vier Noten, bei dem der letzte Ton ausklingt und mit dem Hebel verziert wird. Diesmal werden wir auf den *Steg* schlagen, statt den Hebel zu bedienen, sodass der Ton schnell vibriert. Dieser Trick ist eines von Jeff Becks Markenzeichen, aber Du brauchst dazu eine schwebende Brücke, denn der Ton wird höher, nicht tiefer. Ich empfehle, zum Klopfen auf den Steg die Stelle an Deiner Hand zu benutzen, wo die Handfläche ins Handgelenk übergeht, aber experimentier auch mit anderen Techniken. So kannst Du mit der Unterseite Deiner Faust auf die

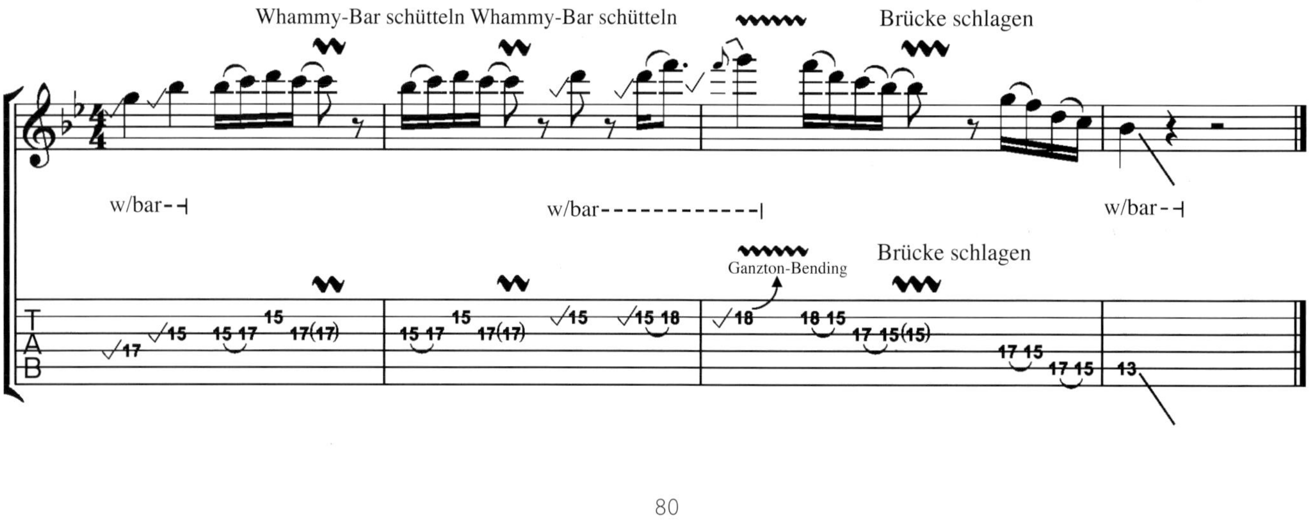

Brücke schlagen oder nur mit einem Finger … das hängt davon ab, wie Deine Brücke konstruiert ist. Am Ende spielen wir einfach die Legato-Phrase und bewegen dann (in Takt 4) den 1. Finger hinunter zum 13. Bund, wobei wir den Whammy-Bar zum abschließenden Dive hinunterdrücken. Beeindruckend, oder?

Jeff Beck wurde 1944 in Wallington im englischen Surrey geboren. Er wurde von Rock 'n' Roll, Blues und Jazz geprägt und begann Anfang der 1960er Jahre nach einem Intermezzo auf der Kunstschule eine Karriere als Musiker. Es war sein Freund und Studiomusiker-Kollege **Jimmy Page,** der den **Yardbirds** im März 1965 riet, Beck als Ersatz für **Eric Clapton** aufzunehmen. Für kurze Zeit (1966) waren Beck und Page beide bei den Yardbirds (siehe Seite 29), und Page komponierte „Beck's Bolero", welches Beck 1966 aufnahm, mit Page, dem Bassisten **John Paul Jones** (bald, wie Page, Teil von **Led Zeppelin**) und **Keith Moon** von **The Who.** Das Lied erschien auf der B-Seite von Becks erster Solo-Single nach seiner Zeit bei den Yardbirds: „Hi Ho Silver Lining" (1967). Mitglieder der **Jeff Beck Group,** im selben Jahr gegründet, waren die späteren **Faces Rod Stewart** und **Ronnie Wood;** die Band löste sich im Sommer 1969 auf, nach den beiden Alben *Truth* (1968) und *Beck-Ola* (1969). Ein Autounfall im Dezember 1969 zwang Beck zu einer Karrierepause.

Wieder genesen, gründete Beck eine neue Jeff Beck Group und dann ein Power-Trio mit Bassist **Tim Bogert** und Drummer **Carmine Appice.** Seine größten künstlerischen und kommerziellen Erfolge hatte er jedoch mit seinen Jazz-Fusion-Alben *Blow by Blow* (1975) und *Wired* (1976). Sein musikalischer Output war in den letzten zwei Jahrzehnten des 20. Jahrhunderts nicht sehr hoch, aber die von Techno beeinflussten CDs *Who Else!* (1999) und *You Had It Coming* (2001) waren interessant, und seine unermüdliche Energie und Kreativität konnte man in jüngster Zeit auf einigen Aufnahmen und Tourneen bestaunen. Sie wurden 2011 mit zwei Grammys belohnt – „Best Rock Instrumental Performance" und „Best Pop Instrumental Performance" –, beide für Songs auf seinem Album *Emotion & Commotion* (2010).

Jeff Beck ist ein langjähriger Fender-Stratocaster-Spieler, der Fender- und Marshall-Verstärker benutzt.

Drop-D

Die Drop-D-Stimmung ist unter Rockgitarristen die beliebteste alternative Stimmung der Gitarre. Es ist ganz einfach: Du stimmst einfach nur Deine tiefe E-Saite einen Ganzton tiefer– zum D (daher der Name; engl. *to drop* = absenken). So erhalten wir ein schönes tiefes D und damit viele neue Möglichkeiten. Von „Moby Dick" (Jimmy Page von Led Zeppelin) bis zu „Optimistic" (Jonny Greenwood von Radiohead) und so weiter: Die Drop-D-Stimmung ist typisch für die Rockgitarre. Besonders häufig kommt sie in Hardrock und Heavy Metal vor, denn in Drop-D werden die Powerchords sehr einfach und machen Killer-Riffs mit sehr schnellen Wechseln möglich. Drop-D wird auch von akustischen Gitarrenmeistern wie John Martyn, Eric Roche und Newton Faulkner verwendet. Wichtig: Wenn Du Drop-D magst und viel in dieser Stimmung spielst, solltest Du Dir überlegen, eine dickere tiefe E-Saite aufzuziehen, die sich beim Greifen weniger leicht verstimmt und generell besser klingt.

In Beispiel A (links) stimmen wir die tiefe E-Saite auf D. Das kannst Du auf verschiedene Arten machen – ein Stimmgerät zu Hilfe zu nehmen, ist natürlich die einfachste Methode. Du kannst auch die tiefe E-Saite der D-Saite (der 4.) angleichen; sie sind zwar eine Oktave auseinander, sollten aber gut zusammenklingen, wenn sie richtig gestimmt sind. Wenn Du die Saite umgestimmt hast, spiel Beispiel B: Das ist ein normaler offener D-Akkord, aber nun mit einem kräftigen tiefen D als tiefstem Ton.

Im Beispiel unten entdecken wir, welche Möglichkeiten ein tiefes D bietet! Wir zupfen es auf jedem betonten Schlag, abwechselnd mit absteigenden Tönen aus der D-Dur-Tonleiter auf den unbetonten Schlägen. Greif mit dem 3. Finger im 12. Bund und benutz den 1. Finger für alle anderen Noten – bis zum Slide (7. zum 9. Bund), den ich mit dem 3. Finger spielen würde. Nach dem Slide gibst Du dem Ton ein schönes Vibrato vor dem Hintergrund des klingenden tiefen D. Super!

***Oben rechts:** Dave Grohl spielt den Drop-D-Klassiker „Everlong" manchmal auf einer akustischen Gitarre.*

***Oben:** Der Slide vom E zum abschließenden F# im Beispiel rechts.*

Unten: Mike Einziger von Incubus, ein weiterer Fan der Drop-D-Stimmung, mit seiner Gibson SG auf der Bühne.

Unten links: Matt Bellamy von Muse – beim Abheben.

Stellen wir etwas Verzerrung ein und finden heraus, wie die Drop-D-Stimmung mit Powerchord-Riffs funktioniert …

Wenn Du durchgehend auf den beiden unteren Saiten spielst (oben), kannst Du mit Deinem 1. Finger alle Akkorde als Barré greifen. Alternativ nimmst Du Deine anderen Finger hinzu – zum Beispiel den 3. Finger im 5. Bund und den 4. Finger im 6. … oder jede andere Kombination, die Du gut findest. Beachte das **Palm-Muting** in Takt 2. Hier berühren wir mit der Handfläche die Saiten unten am Steg und dämpfen sie teilweise ab, während wir sie anschlagen. Das macht man sehr häufig in Rock und Metal, also übe den Wechsel zwischen regulärem Picking und Picking mit Palm-Muting. Viel Spaß beim Abrocken mit diesem Riff!

DROP-D IN AKTION

Tom Morello (Rage Against the Machine): „Killing in the Name" – *Rage Against The Machine* (1992)
Daron Malakian (System of a Down): „Aerials" – *Toxicity* (2001)
Matt Bellamy (Muse): „Feeling Good" – *Origin of Symmetry* (2001)
Adam Jones (Tool): „Schism" – *Lateralus* (2001)
Kurt Cobain (Nirvana): „Heart-Shaped Box" – *In Utero* (1993)
Dave Grohl (Foo Fighters): „Everlong" – *The Colour and the Shape* (1997)
Kim Thayil (Soundgarden): „Spoonman" – *Superunknown* (1994)
Mike Einziger (Incubus): „Redefine" – *S.C.I.E.N.C.E.* (1997)

Tom Morello

DROP-D

„Wir sind ein starker Kontrast zu dem faden Eskapismus, der sich in den Charts breitmacht."

Gegenüber und unten: *Wie sein Idol Woody Guthrie bekritzelt Tom Morello seine Gitarren mit Slogans.*

Nehmen wir uns einmal den Rockgitarren-Hexenmeister **Tom Morello** näher unter die Lupe, der ein brillanter, kreativer Gitarrist und regelmäßiger Drop-D-Spieler ist. Ob mit **Rage Against the Machine, Audioslave** oder anderen: Er hat es immer geschafft, bewunderungswürdige, schlagkräftige Rock-Riffs abzuliefern, die auf der Drop-D-Stimmung basieren. Sehen wir uns unser Beispiel im Morello-Stil an, das – wie viele von Toms Riffs – mehrere Elemente kombiniert: dicke, fette Powerchords, Einzeltonfolgen, Dead Notes (Ghostnotes) und Powerchord-Slides.

Wir beginnen mit zwei mächtig klingenden Powerchords, dem offenen D5 und dann F5, die ich mit dem 1. Finger als Barré greifen würde. Dann spielen wir zwei einzelne Töne, wofür ich im 3. Bund den 1. Finger nehmen und ein Hammer-on mit dem 3. Finger zum 5. Bund machen würde. Danach folgen ein schneller Auf- und Abschlag mit **Ghostnotes** (in den Noten und der Tabulatur mit „x" gekennzeichnet). Du erzeugst sie, indem Du Deine linke Hand leicht über die Saiten legst, ohne tatsächlich Töne zu greifen. Nimm dafür alle Finger (auch wenn Du nur die zwei unteren Saiten anschlägst), damit keine ungewollten Töne anklingen, wenn Du aus Versehen auch andere Saiten anschlägst. Deine linke Hand kann die Saiten überall auf dem Griffbrett abdämpfen, aber ich schlage vor, Du bleibst, wo Du bist (etwa im 5. Bund). Vorsicht auch bei den natürlichen Obertönen: Auch sie sollen nicht versehentlich anklingen. Als Nächstes folgt ein Powerchord-Slide, vom 2. zum 3. Bund auf der 5. und 6. Saite. Ich würde dazu den 1. Finger nehmen und schnell zum 2. Bund zurückkehren, um dort den letzten Powerchord des Taktes anzuschlagen.

Takt 2 beginnt genauso wie Takt 1 und hat dann eine schöne große Pause. Takt 3 entspricht Takt 1 und leitet schön zu Takt 4 über, der – wie alle vorhergehenden Takte – mit einem fetten D5-Powerchord anfängt. Für den letzten Teil dieses viertaktigen Riffs greifen wir die 6. Saite im 12. Bund, machen weiter mit einem Pull-off zu dem schönen tiefen D und lassen sogleich einen C-Powerchord im 10. Bund folgen. Wieder lässt sich dieser Powerchord ganz einfach als Barré mit dem 1. Finger spielen. Zum Schluss schlagen wir zweimal eine weitere Gruppe von Ghostnotes an (gleiche Technik, andere Stelle auf dem Griffbrett), bevor wir einen weiteren C5-Powerchord spielen.

Üb dieses Riff sehr langsam und (wenn nötig) nur in kleinen Abschnitten. Konzentrier Dich darauf, den *Rhythmus* und die *Kombination der Techniken* richtig hinzubekommen. Dann wiederhol das Ganze nach Belieben! Fröhliches Rocken!

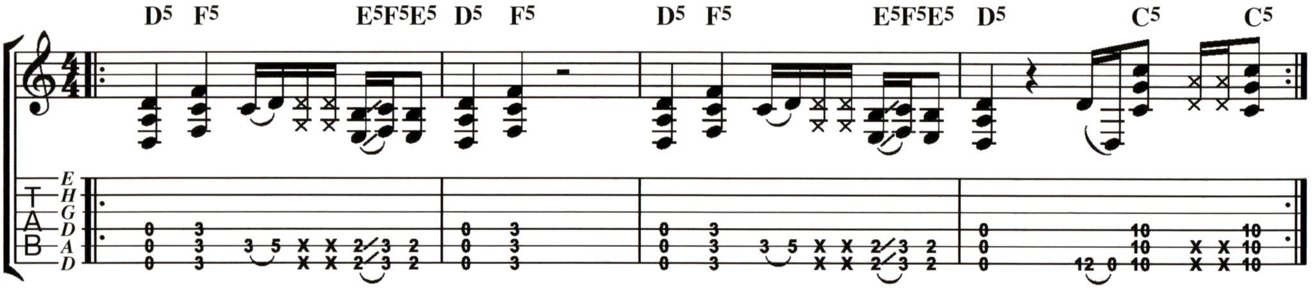

Tom Morello wurde 1964 in New York geboren, wuchs aber in Chicago auf. Seine Familie väterlicherseits stammt aus Kenia und war schon immer politisch engagiert; auch Morello selbst, der einen Harvard-Abschluss besitzt, befasst sich in seiner Musik mit sozialen und politischen Themen und greift deswegen gelegentlich auf den Sänger und Songschreiber **Woody Guthrie** (1912–67) zurück, den Komponisten von „This Land Is Your Land" (das Morello als **The Nightwatchman** sang, siehe unten) und „Deportees" (von Morello 2010 zusammen mit **Outernational** gecovert).

Nach seinem Uniabschluss zog Morello nach Los Angeles, wo er 1988 Mitglied der Band **Lock Up** wurde. Im Jahr darauf brachte sie ihr einziges Album heraus, *Something Bitchin' This Way Comes;* 1990 löste sie sich auf. Großen Erfolg hatte er mit **Rage Against the Machine;** die anderen Bandmitglieder waren Rapper und Sänger **Zack de la Rocha,** den Morello bei einem Gig in L. A. entdeckte, Bassist **Tim Commerford** und Schlagzeuger **Brad Wilk.** Die Band zeichnete ein kraftvolles Gemisch aus politischer Rhetorik und einem Sound aus, der von Morellos speziellem Gitarrenstil geprägt wurde. Er sagt, er benutze seit den Anfängen von RATM dieselben Effektgeräte – ein DigiTech-Tremolopedal, ein Digitaldelay und ein Wah-Wah-Pedal. Riesenerfolge kamen mit den drei CDs, die die Band zwischen 1992 und 1999 herausbrachte. De la Rochas Weggang im Jahr 2000 führte zu ihrer vorübergehenden Auflösung, doch sieben Jahre später gab es eine Wiedervereinigung, und seitdem touren sie wieder zusammen und nehmen Songs auf.

In der Zeit ohne RATM gründeten Morello, Commerford und Wilk mit dem Sänger **Chris Cornell** von **Soundgarden** die Band **Audioslave.** Sie produzierten drei Alben – das Debüt *Audioslave* und *Out of Exile* von 2005 erhielten beide Platin –, trennten sich aber 2007 kurz vor der RATM-Reunion. Morellos weitere umfangreiche musikalische Aktivität im letzten Jahrzehnt sind seine Auftritte als **The Nightwatchman** – er beschreibt diese Figur als „mein politisches Folk-Alter-Ego". Hier begleitet er seinen Gesang nur auf einer akustischen Gitarre mit Nylonsaiten – im Gegensatz zum Equipment, das er bei RATM benutzt: eine Fender Telecaster, eine Stratocoaster mit Kramer-Hals sowie Marshall- und Peavey-Verstärker.

Noch mehr Rocksounds

***Oben:** Thurston Moore von Sonic Youth bevorzugt „alternative" Gitarrentechniken, die viel Lärm machen.*

In diesem letzten Abschnitt unseres Kapitels über die Leadgitarre nehmen wir uns einige Gitarrentechniken vor, die nicht besonders schwierig sind, aber trotzdem starke (und laute!) Rock-Sounds erzeugen. Dazu gehören: der **Pick Slide,** der **String Rake** und der Einsatz des kontrollierten **Feedbacks.**

Beginnen wir mit dem **Pick Slide** – auch **Pick Scrape** genannt (engl. *to scrape* = kratzen). Sehr viele Rockgitarristen verwenden diese Technik mit großem Effekt – von Jimi Hendrix über Kerry King (Slayer) bis zu Michael „Padge" Paget (Bullet For My Valentine).

Den Pick Slide führt man meistens so aus: Man hält das Plektrum seitwärts und kratzt mit dessen Kante an einer (oder zwei) umwickelten Saiten entlang, normalerweise von der Brücke aus nach unten. Um den maximalen Effekt zu erzeugen, brauchst Du viel Verzerrung. Beispiel A (oben) ist ein einfacher Pick Slide auf der tiefen E-Saite. Beispiel B ist eine coole Variation, wie sie zum Beispiel von Eddie Van Halen oder Yngwie Malmsteen gespielt wird. Sie beginnt mit einem Pick Slide und geht dann ab Bund 21 oder 22 als normaler Slide mit der linken Hand weiter. Ein fetter Sound! Aber sei Dir bewusst, dass Pick Slides häufig Rillen in Deinem Plektrum hinterlassen und seine Lebensdauer dramatisch verkürzen – also nimm dafür nicht Dein Lieblingsplektrum!

Nun zum **String Rake** (engl. *to rake* = harken), einem perkussiven Effekt, den Größen wie David Gilmour und Stevie Ray Vaughan eingesetzt haben. Dazu ziehst Du das Plektrum schnell quer über eine oder mehrere abgedämpfte Saiten, bevor Du einen Ton spielst – das Ganze meist in einer Abwärtsbewegung. Rakes werden eingesetzt, um einen gewünschten Ton extra zu *betonen.*

Dieses Beispiel (unten) wird in der d-Moll-Pentatonik gespielt. Wir beginnen mit einem Rake, der von der 4. Saite aus ganz hinuntergeht zu dem gegriffenen Ton auf der 1. Saite im 13. Bund. Das Abdämpfen kannst Du mit dem 1., 2., und 3. Finger machen, während der 4. Finger den Ton im 13. Bund greift; es folgt ein schneller Pull-off zum 1. Finger im 10. Bund. Üb das zuerst langsam, da der Wechsel von Abdämpfen zu Greifen etwas Fingerspitzengefühl erfordert. Denk aber daran, dass wir keine wirklichen *Töne* hören wollen, außer den gegriffenen; die abgedämpften Töne sollten rein perkussiv sein. Der letzte Ton ist ein Bend, dem wieder ein Rake vorausgeht, diesmal nur über zwei Saiten. Ein Klassiker!

Der letzte Soundeffekt, den wir hier besprechen, ist das **Feedback.** Hendrix, Thurston Moore von Sonic Youth, Lee Ranaldo – sie alle setzen Feedback effektvoll ein. Es ist eine erstaunlich kreative und manchmal etwas unvorhersehbare Technik …

Für das Beispiel (rechts) solltest Du einen stark verzerrten Sound einstellen und Deinen Verstärker etwas lauter drehen als sonst, denn nur so kannst Du kontrolliertes Feedback erzeugen. (Das geht besonders gut bei Röhrenverstärkern). Dann spiel den Ton, während Du Dich dem Lautsprecher des Verstärkers zuwendest und Dich langsam zu ihm hin bewegst. Wahrscheinlich gibt Deine Gitarre nun einen langgezogenen, heulenden Ton von sich – das Feedback! Experimentier mit verschiedenen Einstellungen an der Gitarre. Wenn das Feedback erklingt, gib noch etwas Vibrato hinzu und forme den Ton mit dem Whammy-Bar. Es gibt noch einiges zu entdecken!

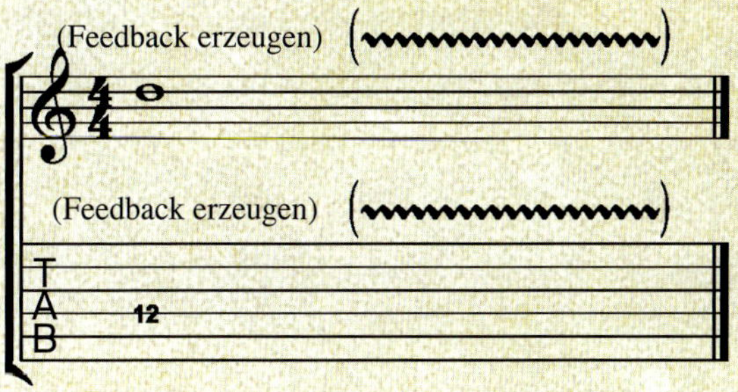

Unten: *Michael „Padge" Paget von Bullet for My Valentine mit seiner auffällig geformten ESP-Gitarre.*

Rechts: *Noel Gallagher, Ex-Oasis, spielt eine Gibson ES-335.*

MASTERS OF NOISE

Angus Young (AC/DC): „Stiff Upper Lip" – *Stiff Upper Lip* (2000)
Michael „Padge" Paget (Bullet for My Valentine): „Scream Aim Fire" – *Scream Aim Fire* (2008)
Noel Gallagher (Oasis): „Supersonic" – *Definitely Maybe* (1994)
Lee Ranaldo/Thurston Moore (Sonic Youth): „Becuz" – *Washing Machine* (1995)

Angus Young

RAKES UND PICK SLIDES

„Wir sind eine Rockgruppe. Wir sind laut, ungehobelt, sensationell und verrückt."

Gegenüber: *Angus Young von AC/DC: wahrscheinlich der älteste Schuljunge der Welt …*

Rechts: *Eine „Angus Young"-SG-Gibson-Gitarre mit AC/DC-Blitzen auf dem Griffbrett.*

Nur wenige Bands können mit AC/DC mithalten, wenn es darum geht, eine riesige Menschenmenge zum Rocken zu bringen. Ein Grund dafür ist sicher das Showtalent des Leadgitarristen Angus Young. Nicht nur, dass ihm großartige rhythmische **Rakes** nicht fremd sind, er weiß auch wohlplatzierte **Pick Slides** zu nutzen – und das nicht gerade selten. Der elektrisierende, krachende Sound eines Pick Slides passt perfekt zum berühmten Blitz-Logo der Band.

Unser Beispiel basiert auf der d-Moll-Pentatonik mit einer zusätzlichen Note, die ihr noch mehr Farbe verleiht. Wir starten mit einem großen String Rake von der 6. Saite ausgehend zu zwei Tönen auf der 2. und 1. Saite, die Du mit dem 1. Finger als Barré greifen kannst. Dämpf bei dem Rake die Saiten mit allen Fingern, damit sie wirklich nur ein rhythmisches Geräusch machen. Üb den Wechsel von gedämpften zu regulär gegriffenen Tönen, bis Du ihn auch bei hohem Tempo beherrschst. Spielt man zwei Töne auf zwei Saiten gleichzeitig, wie hier, spricht man von einem **Double Stop.** Er ist bei der Rockgitarre sehr häufig anzutreffen wie auch beim Blues, der Angus Young stark beeinflusst hat.

Der letzte Teil von Takt 1 ist ein weiterer Double Stop. Ich würde hier auf der 1. Saite den 4. und auf der 2. Saite den 3. Finger nehmen. Pack noch ein kräftiges Vibrato dazu – Spürst Du die Power?

In Takt 2 gibt es einen Rake über die zwei unteren Saiten sowie eine Phrase, die Du am besten mit dem 1. und 3. Finger spielst. Spiel den zweiten Ton mit einem schönen Vibrato. Danach folgt die klassische Kombination aus **Pick Slide** und **normalem Slide,** wie oben beschrieben. Dieser Slide endet auf einem D-Powerchord, den Du mit einer leeren 4. Saite und dem 1. Finger auf der 3. Saite im 2. Bund spielen kannst. Diesen Ton kannst Du auch mit Vibrato spielen – so bekommt der Akkord mehr Glanz. Der letzte Takt beginnt mit einem weiteren langen Rake über vier Saiten. Danach kommt ein cooler Abstieg die Tonleiter hinunter, mit Pull-offs auf jeder Saite. Das Ganze gipfelt in einem weiteren sehr beliebten Double Stop, den Du als Barré mit dem 1. Finger greifen kannst – mit einem großzügigen Rock-Vibrato als Sahnehäubchen.

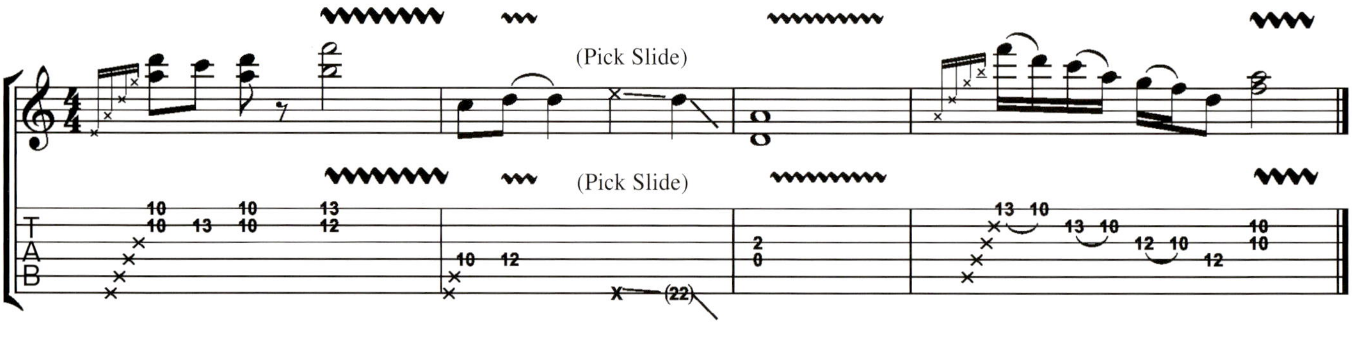

Die australischen Rockveteranen **AC/DC** gelten in der Rockwelt als unverwüstliche Gewächse. Die Brüder und Gitarrenkollegen **Angus** und **Malcolm Young** gründeten die Band 1973, und schon ein Jahr später erschien Angus (geboren 1955) erstmals in seiner berühmten Schuluniform auf der Bühne. Das hatte eine viel größere Wirkung auf das Publikum als seine früheren Verkleidungen (etwa als Superman oder Spiderman) und wurde sein Markenzeichen, neulich sogar im Melbourne Museum ausgestellt als ein „Stück Stadtgeschichte". In ihren ersten Jahren traf sich die Band im Melbourner Vorort St. Kilda. Neben Angus und Malcolm ist Sänger **Bon Scott** auf der Debüt-LP *High Voltage* (1975) zu hören; die restlichen Mitglieder, Schlagzeuger **Phil Rudd** und Bassist **Cliff Williams,** kamen 1975 und 1977 dazu.

Der zunehmende internationale Erfolg wurde endgültig durch das Hitalbum *Highway to Hell* (1979) zementiert – doch Bon Scott starb am 19. Februar 1980 in London an einer Alkoholvergiftung, bevor es seinen kommerziellen Höhepunkt erreicht hatte. Sein Ersatz, der britische Ex-Glamrocker **Brian Johnson,** war zuerst eine Überraschung, aber Scott selbst hatte Johnsons Stimme bewundert, und dessen mutiger Gesang erwies sich als perfekte Ergänzung zu Angus Youngs harten, rauen Gitarrenriffs.

1983 trennte sich die Band von Drummer Phil Rudd aufgrund persönlicher Probleme. **Simon Wright** und später **Chris Slade** nahmen seinen Platz ein, aber 1991 kehrte er zurück, und ihr Status als Hardrock-Könige ist seitdem unbestritten. Nur **Michael Jacksons** *Thriller* wurde öfter verkauft als das erste AC/DC-Album *Back in Black,* das nach Bon Scotts Tod ebenfalls 1980 entstand. Ihr Sound, seit Jahrzehnten unverändert, ist extrem kraftvoll und sofort erkennbar. Der Kern dieses Sounds ist Angus Youngs Markenzeichen, die Gibson SG Solidbody, gespielt über Marshall-Verstärker.

Pedale und Effekte

In diesem letzten Kapitel wollen wir uns ansehen, welche weiteren Schritte Du unternehmen kannst, um ein Meister der Rockgitarre zu werden. Beginnen wir mit einigen Effektgeräten, die Du für Deinen individuellen Sound in Betracht ziehen kannst. Effekte können durch Pedale („Tretminen") oder Effektprozessoren erzeugt werden – auch Computersoftware wird manchmal verwendet.

Verzerrung oder Overdrive

Ein Verzerrer- oder Overdrive-Pedal verstärkt das Signal Deiner Gitarre und erzeugt so einen übersteuerten Sound, der Deinem Spiel einen gewissen „Biss" und einen stabileren, längeren Klang verleiht. Diesen Effekt hört man zum Beispiel von Wes Borland (Limp Bizkit) in „My Generation" (*Chocolate Starfish and the Hot Dog Flavored Water*, 2000) und von Sune Rose Wagner (von The Raveonettes) in „Attack of the Ghost Riders" (*Whip It On*, 2002).

Hall

Ein Nachhall entsteht, wenn ein Ton kleine Echos hervorbringt, die langsam abebben. Es gibt viele Arten von Halleffekten, die meisten werden heutzutage digital generiert: **Raum- oder Halleffekt** (der die Reflexionen simuliert, die in bestimmten Räumen auftreten) oder klassisch-analoge Studioeffekte wie **Hallplatten** oder **Federhall.** Sie alle können Deinem Sound einen sehr coolen Raumklang, ein Gefühl von Weite verleihen. Hör Dir mal den Hall in „Island" von Romy Madley Croft von The xx an (*The xx*, 2009) oder in „Blue" von Jason Becker (*Perspective*, 1995)

Echo oder Delay

Ein Echogerät oder Delay nimmt im Prinzip Dein Gitarren-Signal auf und spielt es noch einmal. Es kann eine Phrase sogar mehrmals in verschiedenen Geschwindigkeiten wiederholen und viele andere faszinierende Effekte erzeugen. Gute Beispiele für Delay findet man bei The Edge von U2 – zum Beispiel in „With or Without You" (*The Joshua Tree*, 1987). Oder hör mal mein eigenes „City Echoes" (Quist – *City Echoes*, 2011) an.

Links: *Ein Effektboard mit mehreren Pedalen, die der Gitarrist mit den Füßen ein- und ausschaltet, je nachdem, welche Effekte er haben möchte. Jedes Pedal erzeugt einen anderen Effekt und wird durch einen einfachen Fußschalter bedient.*

Oben: *Mike Einziger, Gitarrist von Incubus, auf der Bühne in Santa Barbara, Kalifonien. Vor ihm befindet sich eine ganze Reihe von Effektgeräten.*

Chorus-Effekt

Dieser Effekt mixt den gespielten Ton Deiner Gitarre mit einer verzögerten und leicht in der Tonhöhe veränderten Kopie des Tons oder sogar mehreren Kopien. Berühmte Beispiele dafür sind „Purple Rain" von Prince (*Purple Rain,* 1984) und Nirvanas „Smells Like Teen Spirit" (*Nevermind,* 1991).

Wah-Wah-Effekt

Jedes Mal, wenn Du auf ein Wah-Wah-Pedal trittst, verändert sich die Klangfarbe Deines gespielten Tons dahingehend, dass die Gitarre tatsächlich „Wah!" zu sagen scheint. Das Pedal ist besonders beliebt bei Funk- und Soul-Gitarristen. Im Rock gibt es Wah-Wah-Effekte bei Frank Zappas „Willie The Pimp" (*Hot Rats,* 1969), bei Eric Claptons „White Room" (*24 Nights,* 1991) oder bei „Cotopaxi" von The Mars Volta (*Octahedron,* 2009) mit John Frusciante und Omar Rodríguez-López.

Tremolopedal (Whammy-Pedal)

Ähnlich wie der Tremolohebel verschiebt das Whammy-Pedal den gespielten Ton in der Tonhöhe je nach gewünschtem Intervall – meist um eine oder zwei Oktaven –, nur eben digital. Whammy-Pedal-Meister sind etwa Tom Morello von Audioslave („Like a Stone", *Audioslave,* 2002) und David Gilmour von Pink Floyd („Marooned", *The Division Bell,* 1994).

Weitere Effekte

Weitere Effekte, die Du Dir zulegen könntest, wären zum Beispiel ein **Octaver** oder ein **Kompressor.** Letzterer ist besonders nützlich, wenn Du mal mit einem **Bottleneck,** auch **Slide Bar** genannt, am Finger spielen möchtest, wie der großartige Duane Allman. Interessant ist auch der sogenannte **E-Bow,** ein kleines Gerät, das David Gilmour und The Edge gern benutzen. Er erzeugt ein Magnetfeld, das die Saiten schwingen lässt, als würden sie mit einem Geigenbogen gestrichen – was viele musikalische Möglichkeiten eröffnet.

Es gibt wirklich unendlich viele Effekte, aber Du solltest wissen, dass die Qualität Deines Sounds leiden kann, wenn Du mehrere Pedale in einer Schleife miteinander verbindest, denn viele Geräte „stehlen" ein wenig vom Gitarren-Tonsignal, selbst wenn sie ausgeschaltet sind. Achte auf den Hinweis „true bypass" an den Geräten – diese beeinflussen Deinen Sound im ausgeschalteten Zustand nicht.

Umrüstungen

Sehen wir uns nun an, womit sich eine Gitarre umrüsten lässt – es gibt zahlreiche Möglichkeiten, sie zu verbessern oder zu individualisieren, ob Du nun dem Killer-Klang noch näherkommen willst, verrückte Effekte produzieren, die Stimmung stabilisieren oder einfach nur verhindern möchtest, dass die Gitarre beim Spielen herunterfällt.

Oben: *Einige wichtige Accessoires des Rockgitarristen.*

Tonabnehmer auswechseln

Es sind die Tonabnehmer Deiner Gitarre, ob **Single Coils** (Einzelspulen) oder **Humbucker** (diese enthalten elektromagnetische Doppelspulen, liefern ein höheres Output-Signal und sind so verschaltet, dass sie Störgeräusche minimieren), die Deinen Ohren und dem Rest der Welt die Schwingungen der Töne übermitteln. Daher kann es den Sound ganz schön verändern, wenn man sie auswechselt. Dafür gibt es keine Regeln – am besten, Du experimentierst etwas. Viele große Hersteller bieten auf ihren Websites Hörbeispiele für ihre verschiedenen Tonabnehmer an, sodass Du den Klang beurteilen kannst, bevor Du einen neuen kaufst und einbaust. Wenn Du nicht bewandert bist im Umgang mit elektrischen Schaltkreisen und Lötkolben, solltest Du den Einbau besser von einem Fachmann machen lassen.

Einen Whammy-Bar einbauen

Angenommen, Du hast eine tolle originale Fender Stratocaster gekauft, stellst aber dann fest, dass Du gern wilde, kreischende Absturzeffekte produzieren möchtest … In diesem Fall kannst Du einfach ein schickes neues Tremolosystem einbauen lassen. Auch das sollte ein Spezialist erledigen, denn man muss dazu neue Löcher bohren und das Ganze nach dem Einbau präzise justieren.

Einen Kill-Switch einbauen

Ein Kill-Switch schaltet das Signal Deiner Gitarre abrupt an oder aus. Kill-Switches sind nicht schwer einzubauen, und manche Gitarren haben sowieso schon alles, was man für einen Kill-Switch-Effekt braucht. Meine Fender Jazzmaster hat zum Beispiel einzelne „Lead"- und „Rhythmus"-Kanäle, und nachdem ich die Lautstärke des letzteren auf Null gestellt habe, kann ich mit dem Kippschalter zwischen dem stummen Rhythmus- und dem laut gestellten „Lead"-Kanal hin- und herschalten. Einen Kill-Switch hörst Du auf „King James" von Buckethead (*Crime Slunk Scene,* 2006), auf „Cold Gin" von Ace Frehley (KISS, *Alive!,* 1975) und auf „Know Your Enemy" von Tom Morello, *Rage Against the Machine,* (Rage Against the Machine, 1992).

Die Stimm-Mechaniken auswechseln

Die Stimm-Mechaniken (Stimmwirbel) an der Gitarre auszuwechseln kann die Stabilität der Stimmung sehr verbessern. Wenn Du viel mit Bending oder Whammy-Bar arbeitest, hält sich die Stimmung bei hochwertigen Stimm-Mechaniken, etwa Klemm-Mechaniken besser.

Es kann sich auch lohnen, die Gitarre von einem Fachmann einstellen zu lassen. Er prüft, ob die Stimmung über den ganzen Hals korrekt ist und ob der Saitenabstand zum Griffbrett so ist, wie Du es willst. Ist er zu gering, lässt sich die Gitarre zwar leichter spielen, sie neigt aber zum Schnarren; ist er zu groß, schnarren die Saiten nicht, das Spielen ist aber anstrengend für die Finger. Manchmal bedeutet eine kleine Veränderung der Saitenhöhe eine enorme Verbesserung, und das Spielen macht auf einmal viel mehr Spaß.

Die Saitenstärken verändern

Andere Saitenstärken verändern Deinen Sound ebenfalls. Während ein Satz 009er-Saiten (0,09 Zoll ist der Durchmesser der 1., der hohen E-Saite) einen hellen, schwirrenden Klang hervorbringt und sich beim Spielen (und beim Bending) einfach anfühlt, wirken 011er-Saiten (die hohe E-Saite mit 0,11 Zoll) viel härter und rauer, belohnen die Mühe aber mit einem wärmeren und länger anhaltenden Klang. Wenn Du Saiten einer anderen Stärke aufziehst, muss die Gitarre wieder neu eingestellt werden, um an die neue Saitenspannung angepasst zu werden.

Straplocks hinzufügen

Hast Du schon mal Deine Gitarre fallen lassen, weil sich der Gurt gelöst hat? Ich schon, und manchmal mit recht dramatischen Folgen! Eine Gurtbefestigung, der Straplock, ist ein simpler, preisgünstiger Mechanismus, der Unfälle verhindert – damit kannst Du Dich ganz auf die Musik konzentrieren.

Musikalische Entwicklung

Es gibt viele Möglichkeiten, das bisher Gelernte und Deine Musikalität weiterzuentwickeln. Einige der effektivsten sind hier zusammengefasst:

Erlern die Musik Deiner Idole

In meiner Kindheit habe ich besonders die Musik meiner Lieblingsgitarristen genauer studiert – ihre Riffs, ihre Soli; alles, was mir gefiel. Die meiste Zeit konnte ich die Töne nur von der Platte *abhören* (Noten und Tabs waren teuer!), und bei einigen Songs hat es Ewigkeiten gedauert, bis ich sie spielen konnte, weil ich immer nur ein kleines Stück auf einmal gehört und gelernt habe. Aber ich fand das super – weil ich ja nur Songs nachgespielt habe, auf die ich versessen war. Heute bin ich sehr dankbar dafür, denn diese Abhöraktionen waren eine hervorragende Schule für mein musikalisches Gehör. Versuch's mal – es wird Wunder wirken für Dein musikalisches Können.

Spiel zu CDs mit

Etwas anderes, das ich oft gemacht habe, als ich Gitarre lernte, war das Mitspielen zu Platten. Ich empfehle, zuerst zu Blues-Platten mitzujammen, denn da brauchst Du nur eine Tonleiter und kannst Dich darauf konzentrieren, die Stimmung der Aufnahme in Dich aufzunehmen.

Erstell Deine eigene Begleitmusik

Nimm eine Begleitung (Playalong) auf, um dazu zu jammen. Sie sollte etwa fünf Minuten lang sein und eine Akkordfolge für jede Tonleiter enthalten, die Du üben möchtest. Spiel einfach cleane Akkorde zum Klicken eines Metronoms (eines elektronischen Taktgebers, der Dir hilft, im Tempo zu bleiben). Lass Dir von einem erfahreneren Musiker helfen. Das Spielen zu einem Playalong macht eine Menge Spaß und hilft, die Tonleitern zu lernen.

Überleg, Dir einen Lehrer zu nehmen

Ein guter Gitarrenlehrer bringt Dich zum Üben und setzt Dir regelmäßig Ziele, die Du erreichen sollst. Such Dir jemanden, der erfahren genug ist, um Dir bei den Techniken und Stücken zu helfen, bei denen Du allein nicht weiterkommst – und der Dir die Türen zum Reich der Musiktheorie öffnen kann.

Such Dir Mitspieler

Nichts macht so viel Spaß, wie mit Gleichgesinnten zu musizieren – das Gefühl, Teil einer Band zu sein, die toll eingespielt, ist … ja, so ziemlich das höchste der Gefühle! Das solltest Du auf jeden Fall erleben – wenn Du nicht schon längst dabei bist.

***Links:** Michael „Padge" Paget, dessen Band Bullet for My Valentine zu einer neuen Generation britischer Heavy-Metal-Bands gehört.*

***Rechts:** Die Frauen-Heavy-Metal-Band Hysterica kommt aus Stockholm. Nach ihrer ersten Europatour 2009 erhielt sie bei den Swedish Metal Awards 2010 den Preis für den besten Newcomer.*

***Gegenüber oben:** Soundgarden – eine der vielen Top-Rockbands, die ihren Erfolg jahrelanger harter Arbeit und ständigem Üben zu verdanken haben.*

So bringt das Üben etwas

Sei diszipliniert. Lern immer nur eine Sache auf einmal. In einer guten Übungsstunde solltest Du stets Spaß mit Anstrengung kombinieren, sodass Du immer etwas besser wirst.

Üb regelmäßig. Eine Stunde pro Tag an sieben Tagen ist besser als sieben Stunden einmal in der Woche.

Üb laaaaaangsam. Das Komische ist, dass Du schneller lernst, je langsamer Du übst. Wenn Du zu schnell übst, geht das Ganze nicht in Dein Langzeitgedächtnis über. Außerdem schleifen sich schlechte Angewohnheiten in Dein Spiel ein (falsche Töne, Klingen von ungewollten Saiten).

Kauf Dir ein Metronom. Üb wenigstens ab und zu damit (zum Beispiel Tonleitern). Es hilft Dir, das superwichtige *Rhythmusgefühl* zu entwickeln, macht Deine Fortschritt messbar und lässt Dich Ziele setzen, was das Tempo betrifft. Aber denk daran: Immer langsam anfangen, und erst weitermachen, wenn die jeweilige Übung sitzt!

Transponier alles. Spiel Deine Tonleitern, Übungen und Songs und so weiter in anderen Tonarten. Wenn Du beispielsweise die Dur-Tonleiter vom A auf der 6. Saite im 5. Bund aus spielen kannst, probier dasselbe vom B im 6. Bund aus. Verbinde die Tonleitern auch mit dem CAGED-System, um zu lernen, wo auf dem Griffbrett die Töne liegen. Dann spiel die Tonleitern in Sequenzen und so weiter … die Möglichkeiten sind endlos.

Das Wichtigste: Hab Spaß dabei!

So, das war's. Und vergiss nicht: *Es soll vor allem Spaß machen!* Lern die Songs, Riffs, Soli und Techniken, die Dir am Herzen liegen. So ist Gitarrespielen lernen niemals Zeitverschwendung, und die Begeisterung bleibt Dir erhalten – die beste Voraussetzung, um Ungeahntes zu erreichen!

Register